【现代乡村社会治理系列】

乡村阅读
与文化振兴

主　　编　权聪良　邱　艳

副主编　徐　伟　臧　永　朱红艳

编写人员　吴文革　周　鹏　焦　斌　王立平

　　　　　唐晓俐　洪德成　吴晓静　朱建华

　　　　　李月华　董雪静　张华琳

时代出版传媒股份有限公司
安徽科学技术出版社

图书在版编目(CIP)数据

乡村阅读与文化振兴 / 权聪良,邱艳主编. --合肥:
安徽科学技术出版社,2024.1
助力乡村振兴出版计划.现代乡村社会治理系列
ISBN 978-7-5337-8943-5

Ⅰ.①乡… Ⅱ.①权…②邱… Ⅲ.①农村文化-文
化事业-建设-研究-中国 Ⅳ.①G127

中国国家版本馆 CIP 数据核字(2023)第 245798 号

乡村阅读与文化振兴   主编 权聪良 邱 艳

出 版 人:王筱文 选题策划:丁凌云 蒋贤骏 余登兵 责任编辑:周璟瑜
责任校对:李 茜 责任印制:廖小青 装帧设计:武 迪
出版发行:安徽科学技术出版社 http://www.ahstp.net
(合肥市政务文化新区翡翠路 1118 号出版传媒广场,邮编:230071)
电话:(0551)63533330
印 制:合肥华云印务有限责任公司 电话:(0551)63418899
(如发现印装质量问题,影响阅读,请与印刷厂商联系调换)

开本:720×1010 1/16 印张:8 字数:110 千
版次:2024 年 1 月第 1 版 印次:2024 年 1 月第 1 次印刷

ISBN 978-7-5337-8943-5 定价:32.00 元

"助力乡村振兴出版计划"编委会

主 任

查结联

副主任

陈爱军　罗　平　卢仕仁　许光友
徐义流　夏　涛　马占文　吴文胜
　　　　董　磊

委 员

胡忠明　李泽福　马传喜　李　红
操海群　莫国富　郭志学　李升和
郑　可　张克文　朱寒冬　王圣东
　　　　刘　凯

【现代乡村社会治理系列】

[本系列主要由安徽农业大学、安徽省委党校(安徽行政学院)组织编写]

总主编：马传喜

副总主编：王华君　孙　超　张　超

出版说明

　　"助力乡村振兴出版计划"（以下简称"本计划"）以习近平新时代中国特色社会主义思想为指导，是在全国脱贫攻坚目标任务完成并向全面推进乡村振兴转进的重要历史时刻，由中共安徽省委宣传部主持实施的一项重点出版项目。

　　本计划以服务乡村振兴事业为出版定位，围绕乡村产业振兴、人才振兴、文化振兴、生态振兴和组织振兴展开，由"现代种植业实用技术""现代养殖业实用技术""新型农民职业技能提升""现代农业科技与管理""现代乡村社会治理"五个子系列组成，主要内容涵盖特色养殖业和疾病防控技术、特色种植业及病虫害绿色防控技术、集体经济发展、休闲农业和乡村旅游融合发展、新型农业经营主体培育、农村环境生态化治理、农村基层党建等。选题组织力求满足乡村振兴实务需求，编写内容努力做到通俗易懂。

　　本计划的呈现形式是以图书为主的融媒体出版物。图书的主要读者对象是新型农民、县乡村基层干部、"三农"工作者。为扩大传播面、提高传播效率，与图书出版同步，配套制作了部分精品音视频，在每册图书封底放置二维码，供扫码使用，以适应广大农民朋友的移动阅读需求。

　　本计划的编写和出版，代表了当前农业科研成果转化和普及的新进展，凝聚了乡村社会治理研究者和实务者的集体智慧，在此谨向有关单位和个人致以衷心的感谢！

　　虽然我们始终秉持高水平策划、高质量编写的精品出版理念，但因水平所限仍会有诸多不足和错漏之处，敬请广大读者提出宝贵意见和建议，以便修订再版时改正。

本册编写说明

2022年,党的二十大报告指出:全面推进乡村振兴。全面建设社会主义现代化国家,最艰巨、最繁重的任务仍然在农村。坚持农业农村优先发展,坚持城乡融合发展,畅通城乡要素流动。加快建设农业强国,扎实推动乡村产业、人才、文化、生态、组织振兴。"乡村文化振兴"成为乡村振兴落地层面的"五大振兴"之一。因此,文化贯穿于乡村振兴的五大总要求、六大建设、五大振兴之中。可以说,乡村文化振兴是乡村振兴之魂,乡村阅读则为乡村振兴培根铸魂。

乡村阅读是一项系统工程,是深入推进全民阅读的"最后一公里"。以农民为主体,以乡村为场域的乡村阅读"中国实践",培育了乡村基层群众阅读观念,凝聚了乡村基层群众精神力量,巩固了农村思想文化阵地,激发了乡村文化振兴的内生动力,为乡村全面振兴提供坚实价值支撑,为建设中华民族现代文明夯实乡村现代文明根基。

为了让书香浸润乡村,让乡村阅读助力乡村文化振兴,特组织人员编写了《乡村阅读与文化振兴》。乡村阅读作为全民阅读的重要组成部分,是乡村文化振兴之根,是涵养乡村基层群众精神世界之源。本书中以"日""月""季""年"粗略地勾画了全民阅读的"中国方案";以"书屋""书节""书人"为切入点,粗线条地描绘了乡村阅读的"中国实践"。这幅由全民阅读的"中国方案"、乡村阅读的"中国实践"构成的精彩画卷则是乡村阅读的"当代叙事"。书中还初步探索了提升乡村阅读的路径选择,分享了"乡村阅读榜样"、最美乡村阅读空间、乡村阅读推广经典案例等。

目　录

第一章 序 篇

中国特色社会主义进入新时代,我国社会主要矛盾转化为人民日益增长的美好生活需要和不平衡不充分的发展之间的矛盾,人民群众对美好物质生活与精神生活产生了更高的期待。聚焦乡村基层,随着工业化、信息化、城镇化、农业现代化同步发展,乡村基层社会环境发生深刻变化,乡村群众的物质生活水平不断提高。但现阶段,我国乡村公共文化的建设发展仍不能完全适应农村社会经济的发展步调,不能有效满足乡村群众日益增长的精神文化需求。乡村群众是基层社会场域内的主体和基础,其个体行为选择和精神追求在很大程度上受自身精神文化认知水平的影响。阅读作为激发乡村群众内驱力的动力源泉,是改变个体精神文化风貌的重要途径,为新时代乡村文化振兴建设提供澎湃精神动力。

▶ 第一节 乡村阅读的概念

中国基层社会具有乡土性,基于乡土地缘、熟人社会的行动逻辑,耕读传家成为重要的文化传统。随着社会变迁和城镇化的发展与冲击,乡村社会环境日渐重塑,传统文化价值体系和农民群体的集体记忆正在逐步消解,乡村人际交往呈现开放性特征,群众精神文化需求呈现多元化特征。阅读作为人类所特有的精神文化活动,可以促进个体的社会化发

展,使个体通过文字载体获取信息、拓宽思维,从而更好地适应社会环境,参与社会生活,明确社会角色,履行社会责任。

自2012年党的十八大报告提出开展全民阅读活动以来,"全民阅读"多次被写入《政府工作报告》:"十四五"规划和2035年远景目标纲要明确提出深入推进全民阅读,建设'书香中国';党的二十大报告进一步强调要深化全民阅读活动。乡村作为最基础的社会组织构造层,直接面向广大人民群众,与基层群众接触最为广泛而紧密,具有广阔的文化阅读发展空间。张世海认为,乡村阅读作为全民阅读的重要组成部分,既是乡村振兴的实践支点,也是推进乡村基层公共文化建设、学习型社会建设的重要抓手,更是以全民阅读建构文化强国的着力点。田菲、徐升国等认为,乡村阅读涉及人多面广,是非常高效和低成本地促进农村转变生产方式的有效手段,能够让农村农民快速地与当代社会文化发展接轨,在促进乡村振兴和共同富裕过程中发挥着重要作用。操菊华、康存辉基于全民阅读视角,认为乡村文化振兴离不开阅读这一行之有效的活动载体,通过阅读活动能够有效促进乡村文化振兴,使乡村文化可以有效地在乡村内传承和向乡村外延伸传播。一方面,通过开展各类乡村阅读活动将乡村文化不断地进行传承演绎,推动乡村文化发扬和传承;另一方面,通过规模化的乡村阅读活动将优秀的乡村文化向乡村外进行推广和辐射,最大限度地扩大乡村文化的影响力和感召力。

综合以上学者观点,可以得出结论,乡村阅读是一项系统性工程,不仅应注重从文化互动角度提升农民的文化素养,还应重视从精神涵养视角培育农民的阅读意识,即以农民为主体,在乡村场域内通过推动阅读内容资源、阅读设施、阅读服务建设发展和全面覆盖,打造乡土阅读空间,培育乡村群众阅读认同感和阅读观念,以凝聚强大精神力量,巩固农村思想文化阵地,激发乡村文化振兴的内生动力,为乡村全面振兴提供

坚实的价值支撑,为建设中华民族现代文明夯实乡村现代文明根基。

▶ 第二节　乡村阅读与乡村文化振兴

一　乡村文化振兴是乡村振兴之魂

　　乡村振兴,文化先行。进入新时代,党和国家把乡村振兴战略摆在治国理政的突出位置,强调了党和政府对乡村文化繁荣兴盛的重视与关切。2017年10月,党的十九大报告首次提出乡村振兴战略,将"乡风文明"作为该战略的五大总要求之一,并强调乡村文化振兴是我国乡村全面振兴的重要内容和支撑。随着乡村振兴战略的提出,乡村文化的繁荣兴盛进入快速发展期和质量提升期。2018年1月颁布的《中共中央　国务院关于实施乡村振兴战略的意见》明确提出,要繁荣兴盛农村文化,焕发乡风文明新气象;坚持乡村全面振兴的基本原则,准确把握乡村振兴的科学内涵,挖掘乡村多种功能和价值,统筹谋划农村经济建设、政治建设、文化建设、社会建设、生态文明建设和党的建设。2018年4月,习近平总书记在湖北省宜昌市考察时提出,要推动乡村文化振兴,加强农村思想道德建设和公共文化建设,并将乡村文化振兴与产业振兴、人才振兴、生态振兴、组织振兴等共同列为乡村振兴的五个重要方面。2018年9月,中共中央、国务院印发《乡村振兴战略规划(2018—2022年)》,强调要繁荣发展乡村文化,丰富乡村文化生活,健全公共文化服务体系,增加公共文化产品和服务供给。2023年1月颁布的《中共中央　国务院关于做好2023年全面推进乡村振兴重点工作的意见》强调,必须坚持不懈把解决好"三农"问题作为全党工作的重中之重,举全党全社会之力全面推进乡

村振兴,加快农业农村现代化,深化农村群众性精神文明创建。

乡村基层不仅需要物质生活水平的提升,也需要精神上的富足。繁荣向上的乡村文化能够产生强大的精神感召力,凝聚民心,吸引基层群众共同为乡村振兴协力奋斗,而乡村文化中蕴含的乡土文化是引导乡村建设发展不可或缺的精神力量,文明乡风、良好家风、淳朴民风能够教化群众、浸润乡土,加强农村思想道德建设,有效提升乡村治理水平,为建设文明美丽乡村提供价值引领。因此,乡村振兴不仅要"塑形",更要"铸魂"。文化作为乡村社会的灵魂,熔铸了基层群众变迁发展的印记,在助力乡村产业、生态、治理、生活方面发挥着巨大的精神联动作用。

二 乡村阅读为乡村振兴培根铸魂

聚焦新时代,国家着力实施乡村文化振兴战略和倡导全民阅读行动,不断加强乡村优秀传统文化保护和公共文化服务体系建设,深挖乡村特色文化符号,盘活乡村文化资源,为乡村阅读建设发展提供了目标指引。随着繁荣发展乡村文化工作的推进,乡村基础文化设施建设投入增加,乡村文化脱胎于传统封闭滞后环境,文字信息传播渠道得到极大拓展,文化氛围也愈发浓厚,为广大基层群众提供了高质量的精神营养。

乡村的建设发展困境虽源于长久以来物质水平的桎梏,但究其深层原因还是文化水平的落后。文化看似是一种软力量,实际上是一种根本性的力量。文化力量的提升,能够改变基层群众的思想观念、知识结构、能力水平,促进基层群众思想观念和发展方式的现代化。在乡村振兴战略的实施过程中,基层群众不是旁观者,而是乡村建设实践的主体,他们的精神文化需求是促进乡村可持续发展的内生动力。因此,乡村文化振兴应立足于乡村群众的文化需求,塑造和提高乡村群众文化水平及精神素养,促使农民更主动地参与到基层现代化建设中来。

　　乡土是中华文化之根,孕育了乡村独特的文化基因。乡村阅读扎根于农民群众的心灵空间,弘扬人文之美,引导农民群众在阅读中增强坚定不移走中国特色社会主义乡村振兴道路的信心与决心,为乡村振兴提供重要的精神力量供给。习近平总书记在致2022年首届全民阅读大会的贺信中强调:"阅读是人类获取知识、启智增慧、培养道德的重要途径,可以让人得到思想启发,树立崇高理想,涵养浩然之气。"乡村阅读作为提升农民文化素养的直接途径,能有效提升乡村文化供给能力,启发农民文化自觉,提高农民群众的思想觉悟、道德水准和文明素养,涵养文明乡风,助力乡村文化振兴。

第二章　乡村阅读的历史逻辑

中国素有"耕读传家久、诗书继世长"的传统。耕乃本，读至远。耕可致富、养身，乃生存之保障；读可致知、养心，乃生活之追求。耕读传家是中国乡村美好的文化图景，也是浸入人们血脉的乡土传承。无论是张可久笔下的"数间茅舍，藏书万卷"，还是曾国藩劝读的名句"百战归来再读书"，亦或是各地状元村里的书斋书院遗迹，都可以一窥乡村阅读的发展印记。"鸟欲高飞先振翅，人求上进先读书。"对乡村居民而言，阅读不仅能丰富学识，还能提振信心，促人奋发图强，为社会及个人的发展提供价值目标指引。聚焦新时代，乡村振兴既要"塑形"，更要"铸魂"，乡村阅读作为乡土文化的重要载体和表现形式，对农民群众的文化态度和价值共识产生重要影响。因此，加强农村精神文明建设，实现乡村文化振兴，需要通过乡村阅读这一着力点，挖掘乡土深厚的优秀传统文化基因，提振广大农民精神面貌，培育良好家风、文明乡风、淳朴民风，让乡村文化散发更多乡土味道。

▶ 第一节　乡村阅读与良好家风

"家风"一词较早见于魏晋南北朝，唐朝以后大量使用。东晋玄学家袁宏提出"有家风化导然也"之说，认为家风的作用是"化导"，即教育引导。家风，又称"门风"，是一个家族代代承袭并体现家族精神面貌、文化素质、家庭风气的文化风格，或者说，是一个家族世代相传的为人处世之道、待人接物的行事作风和日常生活中的行为规范。

"天下之本在家"，家庭是社会的细胞，家风不仅发挥着维系家族血脉亲情的作用，更是促进社会文明进步的重要力量，在无形之中影响个体的道德素质和价值风尚。家风是一种以家庭为范围的教育形式，良好的家风是家庭的重要资源、馈赠子孙的重要财富，而阅读是家风建设中不可或缺的重要一环。古语有云："至乐无如读书，至要无如教子。"家庭是人生的第一课堂，能把人生至乐与至要完美融合的，莫过于让阅读走进每个家庭，培养子女良好的阅读习惯。

追溯过往，读书作为家风文化的历史源远流长。从画荻教子到流芳百世，一代文宗庐陵欧阳修的家风家教故事广为流传。欧阳修之母郑氏以荻（芦苇秆）画地，教子成才；而欧阳修为人子女，奉养父母。为教育后人，重视家风哺育，培养勤勉好学、忠孝节义、乐善好施的品格，欧阳修将母亲的教诲和家规整理成《泷冈阡表》，并在教导儿子勤学善施时，写下了《诲学说》，影响深远，激励了一代又一代的后学晚辈。除了欧阳修，清朝名臣曾国藩关于读书的十二条"铁规戒律"也传颂古今。曾国藩不仅将读书列入自己的《日课十二条》中，还将"无一日不读书"作为家训。为鼓励后辈们多读有用之书，特地修建富厚堂藏书楼，以打造曾家人的精神中心。晚清时，著名的世家望族东至周氏重视家风家训的教化作用，要求子孙七八岁须入塾读书，朝夕不离书房，并激励后人"知识才是永远的财富"。读书修身同样是钱氏家族历来的文化传统。《钱氏家训》中提到"子孙虽愚，诗书须读"。钱氏祠堂里也有规定，设立专门的经费，提供给家族中穷苦的孩子求学，子孙再穷也必须读书。富了要读、当官要读、种田要读、做生意也要读，总之，行业可以变，读书不能变。

家庭是社会的最小组织单元。读书可以帮助家族成员日渐形成良

好的精神品格,在潜移默化之中影响着家族成员的行为习惯和道德观念。而家风作为一个家庭教育理念的浓缩,体现了一个家庭的精神高度,同时也是社会文明程度的缩影。

人的社会经验都是从家庭教育开始的。在家庭中,阅读习惯的养成,既可以涵养个人文化学识,也能和谐家庭氛围,营造良好家风。同时,书香充盈的家风,不仅能影响个体以及家庭的成长与发展,更能涤风励德、淳风化俗,在润物无声中成为社会精神文明进步的不竭动力。在2016年12月12日的全国文明家庭表彰大会上,习近平总书记指出:"家庭和睦则社会安定,家庭幸福则社会祥和,家庭文明则社会文明。"家风是社会文明的根基,家风相汇成民风,民风相融成国风,家风好则世风正。因此,良好家风是支撑中华民族生生不息的重要精神力量。在新时代背景下,应着力打造书香社会,通过乡村阅读实践,引导农民群众阅读学习、以书涵养淳正家风,为乡村精神文明建设提供丰厚滋养。

▶ 第二节　乡村阅读与文明乡风

文明乡风作为维系中华民族优秀传统文化的重要纽带,凝结着乡村优良传统文化的基因,是推进农村精神文明建设的重要内容。从晚清至民国时期的初步尝试到新中国成立至改革开放前期的积极探索,再到改革开放后的乡风文明建设全面推进,文明乡风具有长久的建设发展历程和丰厚的经验。

河北省定县翟城村是中国近代乡村治理的起源地,在此开启了乡风文明建设的历史先河。翟城村的米迪刚父子是最初乡村运动的发起者。从1894年开始,米迪刚之父米春明首先在翟城村兴办现代学校和女子私塾,推广新式教育读书,强调农民教育读书的重要性;其次,还制定了《看守禾稼规约》《查禁赌博规约》等乡规民约,极大地改善了当地的治安和乡风,使翟城村成为乡风文明建设初期的模范样本。20世纪二三十年代,以晏阳初、梁漱溟为代表的知识分子投身乡村建设运动,认为解决农民思想问题的主要途径是教育。1926—1937年,晏阳初在河北省定县实施了"四教三式"教育实验。同时,梁漱溟还致力于提高农民的道德风尚,通过建立"忠义社"和"乡村改进会",大力宣扬中国传统道德风尚,革除不良风俗。以晏阳初、梁漱溟等人为代表的知识分子,高度重视农民教育和农村传统文化,设计提出多种乡风文明治理方案,为新时代乡风文明建设提供了重要参考借鉴。

在革命时期,毛泽东同志认为农村改革应当以改造农民思想、增强农民学识、提升农民觉悟为核心,利用一切农民喜闻乐见的方式推进农村文化建设。1949年,中华人民共和国成立,国家进入新纪元,标志着中国农村的政治、经济、文化、思想、生活方式和价值观念发生了翻天覆地的变化。为了推动社会主义建设在农村的顺利开展,改造旧文化、倡导新风尚势在必行。中国共产党用马克思列宁主义、毛泽东思想武装头脑,提高乡村群众思想觉悟,为乡风文明建设确立了强大的指导思想。此外,为提高农民文化素质,在农村开展扫盲工作成为中华人民共和国成立后的第一要务。1950年,教育部在第一次全国工农教育工作会议中明确提出开展识字教育,逐步减少文盲,由此在全国掀起了学文化热潮。

1978年,党的十一届三中全会召开,实现了党和国家历史上的伟大转折,开启了改革开放和社会主义现代化建设新的历史时期。以邓小平同志为主要代表的中国共产党人确立了"物质文明、精神文明两手抓"的战略方针,将乡风文明建设推入全新的时期。党的十五届三中全会对农村精神文明建设进一步作出了部署,提出全面推进农村精神文明建设,

加强农民思想道德及文化教育,建设农村卫生、体育、文化基础设施等一系列重大举措。党的十六届五中全会,党中央高度重视"三农"问题,提出了"生产发展、生活宽裕、乡风文明、村容整洁、管理民主"的新农村建设总要求,首次明确提出"乡风文明"的概念。党的十七大对乡风文明建设作出了重大部署,要求始终坚持加大对乡村文化设施的投入,把发展公益性文化事业作为保障农民基本文化权益的主要途径。党的十九大进一步提出了"产业兴旺、生态宜居、乡风文明、治理有效、生活富裕"的乡村振兴战略总要求,将乡风文明上升到了新的高度。2018年中央一号文件《中共中央　国务院关于实施乡村振兴战略的意见》明确强调乡村振兴,乡风文明是保障。

治国安邦,重在基层。广泛意义上的乡风文明实际上是一种非正式的制度,关系到整个农村的精神面貌。优秀的风俗习惯、价值观念和意识形态一旦得到乡村群众的认可和遵循,就会对农村社会的和谐稳定起到极其重要的保障作用。因此,要始终坚持以农民作为乡风文明建设的主体,通过乡村阅读教育引导,努力将优秀农村传统文化与现代文化相结合,在潜移默化中提高农民的道德、思想及文化水平,改变他们过去落后的生活生产方式,增强农民的自信心、凝聚力及践行社会主义核心价值观的自觉,营造风清气正、文明和谐的优良道德风尚。

▶ 第三节　乡村阅读与淳朴民风

"君子之德风,小人之德草,草上之风必偃。"民风是乡村群众在农业生产与生活实践中逐步形成并发展起来的风俗习惯、是非标准、行为方式等,是对民众整体风貌的概括与描述,其核心是民间风尚,即民间共同体的价值取向和行为模式。

我国农村长期处于自然经济状态下,建立在自然经济基础上的思想道德水平有待提升。中华人民共和国成立前,男耕女织的生活状态下,农村民风淳朴,村民的主要诉求是丰衣足食,而对于读书教育的不重视导致乡村整体文化水平低下;中华人民共和国成立后,农民的生活重心仍围绕农业生产。1957年,我国步入人民公社化时期,统一的农业作息制度和条例明确的管理方式一定程度上使农民的精神和生活单一化,但民风并未发生大幅度转变,农民的基本诉求仍是吃饱肚子穿暖衣。改革开放以来,国家形势一片大好,家庭联产承包责任制调动了农民的农业生产积极性,极大程度上开发了农村劳动力。随着改革开放以来国家着力建设社会主义新农村,一系列助农政策的出台让农民过上了实实在在的好日子,农村发生了翻天覆地的变化。如今,小康社会已全面建成,经济生活的富足增长了农民的精神文化需求,大量的空闲时间加之农村精神生活的缺乏,导致村民精神文明建设的紧迫性日益凸显。

每个区域都有其固有的风气习俗,所谓的"百里不同风,千里不同俗"正恰当地反映了风俗、民风因地而异的特点。但民风建设影响着乡村主流意识形态。民风是特定区域内人们共同遵守的行为模式或道德规范,是社会文化传承的产物。一般认为,民风包含着久远的民族个性,是一个国家和民族物质生活和精神生活变迁的图景和"活化石",是基层群众日常生活的写照和缩影。习近平总书记强调:"实施乡村振兴战略要物质文明和精神文明一起抓,特别要注重提升农民精神风貌。"古代读书强调"以文育人、以文化人",这既是指在古圣先贤的熏陶下,延展精神世界的疆土,又是指以阅读修身养性,用读书淬炼意志品质。因此,乡村民风建设,要强化思想引领,厚植淳朴民风,推进乡村阅读实践,深挖当地优秀传统民风史册,对其进行系统整理和提炼,通过基层群众口耳相

传强化教育引导,通过良好日常行为培育习惯养成,使之自觉地按照社会主义道德规范体系提升自身思想道德素质,进而深入落实移风易俗建设,弘扬时代新风。

▶ 第四节　乡村阅读中的名人与典故

书香致远,厚重深邃。古往今来,以乡贤为榜样,是实现基层社会稳定、村民安居乐业目标的一种文化形态。乡村优秀乡贤群体根植乡土,蕴含着见贤思齐、崇德向善的精神力量,积极推动着乡民思想道德教化。乡村阅读中的优秀榜样用润物细无声的方式带动农民群众培养阅读习惯,以榜样的力量感染、鼓舞越来越多的农民群众爱上阅读,用自己的行动营造了"爱读书、读好书、善读书"的乡村文化氛围,为建设书香乡村、助力乡村文化振兴发挥了积极作用。

一 鲍中权:鲍家屯屯堡文化的"活字典"

鲍中权,贵州省安顺市西秀区大西桥镇鲍家屯村农家书屋的一名管理员,他被村民尊称为鲍家屯屯堡文化的"活字典",荣获2020年全国"发现乡村阅读榜样"表彰。多年以来,为了让村民更好地了解屯堡文化和历史、知晓党和政府的各项惠民政策,鲍中权老人切实做好农家书屋的管理、维护和使用等工作,怀揣着对书籍的热爱和对屯堡文化的深厚感情,不断整合图书资源,拓展服务空间,开展形式多样的读书活动,在传承和发展中坚定不移地宣传屯堡文化,助力乡村振兴,推动乡风文明释放出"以文育人、以文化人"的时代活力。

瓮城古墙石板房,凤阳汉装绣花鞋,大明遗风古军屯,耕读传家兴文化。鲍中权始终担当屯堡文化的无私奉献者、传承者,他耐心撰写4万余字的鲍家屯村"百科全书"——《鲍家屯村志》,系统全面地介绍鲍家屯的历史、文化、家族、地理、古建筑、古水利等。此外,他还将鲍氏家谱的相关文献重新翻译为白话文并整理记录下来,组织村民一起学习,让大家更好地了解屯堡文化。

时代在变,不变的是鲍中权对工作的热忱和初心。在党委政府的支持和关心下,2011年鲍家屯村建起了农家书屋,每年配备书籍千余册。鲍中权老人担任农家书屋图书管理员后,任劳任怨,恪尽职守,为方便村民借阅,认真做起了图书分类、上架、保管等工作。他秉持着"授之以鱼不如授之以渔""扶贫先扶智"等教育理念,热心帮助前来农家书屋借阅的村民推荐适用的书籍,引导青少年养成阅读习惯,最大限度地发挥了农家书屋的阵地作用,鼓舞激励了更多村民群众加入到阅读的队伍中来,让每一本书都发挥其价值,让农家书屋真正成为人民群众自己的文化家园。

二) 汪稳生:乡村大地的本土书写者

汪稳生家住江西省婺源县紫阳镇汤村街,热爱阅读和写作的他行走在婺源的灵山秀水之中,从一篇篇文章的撰写到《婺源故事》《神韵婺源》等一部部书籍的问世,二十年如一日,他默默地坚守在乡间田野。

婺源文化底蕴深厚,人才辈出,几乎每个村庄都有一部历史传奇,而这些传说只是通过故事的形式口口相传。但由于时代的发展变化,现在青年人聚集在一起听老年人讲述乡土故事的场景十分罕见,很多民间故事和名人轶事只留存在各个村庄里的老人的记忆中。如果不及时进行收集和整理,随着这些老人的逝去,这些故事可能将永远消失。于是,情系故土的汪稳生积极投身挖掘当地民间故事,默默记录着乡土的味道。

2001年，婺源县开始着力发展旅游经济，来婺源的游客逐年增加。很多游客在欣赏婺源美好的自然风光的同时，也深深地被婺源深厚的人文历史背景所吸引。于是从2003年开始，汪稳生经常骑着自行车、背着照相机到婺源各地寻访长者，听取乡土故事，收集整理原汁原味的本土素材，深挖当地历史文化古韵。就这样，汪稳生走遍了婺源县16个乡镇。2006年年底，汪稳生的《婺源故事》一书正式出版。《婺源故事》不仅成为当地导游介绍、讲解婺源人文风俗的素材，也深受当地群众追捧阅读。2008年以来，他又先后出版了《美的婺源》《神奇婺源》《神韵婺源》《婺源"三雕"鉴赏》4本书。汪稳生作为乡村文化的记录者、发掘者，扎根本土，用文字生动讲述乡土故事，弘扬和传承家乡文化，为助力婺源文化事业的发展做出了巨大贡献。

（三）夏昭炎：乡间耕耘"文化田"

"庄外应教几十年，回到乡村做乡贤。和风细语雨说教，播种文化胜种田。"这首诗歌所描述的主人公正是湖南省株洲市攸县石羊塘镇谭家垅村的"赤脚教授"——夏昭炎。2004年，夏昭炎从湖南科技大学退休后，和妻子一起回到了家乡，在稻花飘香的农村，种起了一亩亩滋润村民心灵的"文化田"，筑起了一座座书香氤氲、充满欢声笑语的"文化粮仓"。

"让农村到处飘散文化气息，让农民享受现代文明带来的快乐和幸福"是夏昭炎脑海中的诗意境界，他用行动践行信念，着力打造"幸福文化院"，造福桑梓。2004年，夏昭炎回家乡定居后，发现基层乡村生活条件普遍提高，但精神文化生活十分贫瘠。农闲时，打牌成了村民们主要的休闲活动。于是，夏昭炎主动牵头，多方筹集资金，将夏家祠堂旁的几间破败老屋买了下来，进行修缮装饰，建造出了图书室、阅览室、学习室，高桥文化活动中心由此诞生。随后，在县里的支持下，高桥农家书屋正式挂牌。由于高桥农家书屋的藏书量和设施比较齐全,许多周边的村民们常常舍近求远,到高桥农家书屋来借书阅读。夏昭炎为了方便群众阅读,让高桥农家书屋这只"母鸡"尝试"下蛋",在陈家场、界市、杏塘、南田、荷叶塘5处创办了借阅分点,大大满足了邻村村民的阅读需求。此外,攸县积极实施"门前三小"惠民工程,将小广场、小书屋、小讲堂融合在一起,把文化服务点搬到村民家门口,打通了基层文化服务的"最后一公里",把书香播撒在乡间大地之上。

在夏昭炎的带领下,阅读的种子深耕于家乡的泥土,家乡有了文化气息,乡土空间也充满了幸福的笑声,文化活动在全县遍地开花,乡村文化事业发展欣欣向荣。

第三章　乡村阅读的当代叙事

2006年,中宣部、新闻出版总署等11个部委共同倡导并发起全民阅读活动;2012年,"全民阅读"写入党的十八大报告;2014年开始,"全民阅读"连续10次写进政府工作报告;2022年,"全民阅读"再次写入党的二十大报告。全民阅读从自下而上推动的阅读活动上升为自上而下推动的国家战略。2018年施行的《中华人民共和国公共图书馆法》第三条规定:"公共图书馆是社会主义公共文化服务体系的重要组成部分,应当将推动、引导、服务全民阅读作为重要任务。"这标志着全民阅读被上升至法律层面加以推动。

▶ 第一节　全民阅读的"中国方案"

全民阅读两次被写入党的全国代表大会报告,连续10次写进政府工作报告,标志着全民阅读上升为国家战略。此后,全民阅读的中国故事异彩纷呈。以下分别以"日""月""季""年"为切入点来展开全民阅读"中国方案"的精彩篇章。

一 "世界读书日"

1995年11月15日,联合国教科文组织正式确定每年的4月23日为"世界读书日"。其设立的目的是推动更多的人去阅读和写作,希望所有人都能尊重和感谢为人类文明做出过巨大贡献的文学、文化、科学、思想大师们,保护知识产权。此后,"让世界每一个角落的每一个人都能读到书"的理念日益深入人心。自此,每年的这一天,世界各国都会举办各种各样的庆祝活动和阅读推广活动。我国的各类活动亦是层出不穷。其中,最具代表性的活动有两个:全民阅读大会和中国数字阅读大会。

(一)全民阅读大会

1. 首届全民阅读大会

2022年4月23日,首届全民阅读大会在北京开幕,由中共中央宣传部(国家新闻出版署)、中共北京市委、北京市人民政府指导,中宣部出版局、中共北京市委宣传部主办,主题为"阅读新时代、奋进新征程",包括系列论坛、展览展示、发布和主题活动等环节。

中共中央总书记、国家主席、中央军委主席习近平发来贺信,对大会召开表示热烈的祝贺。习近平在贺信中指出,阅读是人类获取知识、启智增慧、培养道德的重要途径,可以让人得到思想启发,树立崇高理想,涵养浩然之气;中华民族自古提倡阅读,讲究格物致知、诚意正心,传承中华民族生生不息的精神,塑造中国人民自信自强的品格。习近平希望广大党员、干部带头读书学习,修身养志,增长才干;希望孩子们养成阅读习惯,快乐阅读,健康成长;希望全社会都参与到阅读中来,形成爱读书、读好书、善读书的浓厚氛围。

开幕式上,中共中央政治局委员、时任中宣部部长黄坤明宣读了习近平的贺信并讲话。他说,习近平总书记的贺信,充分体现了党中央对推动全民阅读、建设书香中国的高度重视;要认真学习贯彻习近平总书记重要指示精神,加强阅读引领,涵育阅读风尚,构建覆盖城乡的阅读推广服务体系,推动全民阅读扩大覆盖、提升品质、增强实效,以书香中国建设促进文化强国建设,为奋进新征程、建功新时代注入强大精神力

量。4月23日上午,首届全民阅读大会主论坛在北京举行,参会人员就高质量做好新时代全民阅读工作、加快书香社会建设进行了交流。中宣部副部长张建春出席主论坛并作主旨演讲。

大会发布了《2021年度中国好书》《第十九次全国国民阅读调查成果》《2021年度十大著作权人》《第六届"大众喜爱的阅读新媒体号"》《年度最美书店》《2021年全民阅读优秀项目推介》《向青少年推荐百种优秀出版物》等多项成果。

首届全民阅读大会回顾了过去我国为推广全民阅读所做的工作和取得的成绩,更展望了我国推广全民阅读的未来发展方向;是我国全民阅读事业的一个里程碑,也是我国全民阅读事业的一个新起点。我国全民阅读事业将以过去所取得的成就为基础,沿着首届全民阅读大会展望的未来发展方向砥砺前行,前行的道路上不仅需要社会各界人士的群策群力,更需要坚定不移地推进我国全民阅读事业。

2.第二届全民阅读大会

2023年4月23日,第二届全民阅读大会在浙江杭州开幕。中共中央政治局委员、中宣部部长李书磊出席开幕式并讲话。李书磊指出,推进强国建设、民族复兴,离不开读书学习,要把阅读作为最基本的文化建设,大力倡导读书之风,充分发挥阅读在传播思想文化、提升国民素养、传承民族精神、涵育文明风尚等方面的重要作用。要坚持为人民出好书,着力提高出版品质,打造更多新时代新经典,用精品出版物激发阅读兴趣、提升阅读品位。要着力满足人民的阅读需求,加快构建覆盖城乡的全民阅读推广服务体系,提供处处可读、时时可读、人人可读的文化条件,推动读书习惯的养成。要大力倡导全民阅读、终身学习的理念,在全社会营造浓厚阅读氛围。

李书磊强调,当前全党正在开展学习贯彻习近平新时代中国特色社会主义思想主题教育,要以主题教育为契机,充分发挥党员干部表率作用,以学习型政党建设推动学习型社会、学习型大国建设,以书香社会、书香中国建设助力社会主义文化强国建设。

全国政协副主席、民进中央常务副主席朱永新出席此次大会。第二届全民阅读大会由中共中央宣传部(国家新闻出版署)、中央文明办、中共浙江省委和浙江省人民政府指导,中宣部出版局、中共浙江省委宣传部等单位主办,大会为期3天,举办了论坛、展览展示、阅读推广、主题发布等多项活动。

大会发布了《第二十次全国国民阅读调查成果》《年度十大著作权人》《乡村阅读推广人》《年度"中国好书"》《年度最美书店》《全民阅读优秀项目》《全民阅读融媒体智库年度报告》《大众喜爱的阅读新媒体号》等成果。

(二)中国数字阅读大会

中国数字阅读大会是国内数字阅读领域国家级、综合性行业大会,是规格最高、规模最大的高层次行业盛会,被业界视为数字阅读的年度"风向标"。作为数字阅读领域一年一度的盛典,大会已经成为全民阅读的推进平台和创新发展平台,成为传统阅读和数字阅读相融合的沟通交流平台,成为数字阅读企业最新成果的展示平台,对拓展、深化、丰富数字阅读领域,提升人民群众精神文化消费水平,推动全民阅读蓬勃发展具有重要意义。截至2023年12月,中国数字阅读大会已举办9届。

二 "深圳读书月"

全民阅读的中国故事中,以"读书月"命名的有很多。比如,由中共河南省委宣传部、河南省新闻出版局、河南省教育厅、中原出版传媒集团联合主办,河南省新华书店发行集团承办的"全民读书月"活动,2014年3

月30日正式启动。除此之外,还有安徽省的"江淮读书月"活动。"江淮读书月"始于2020年,并被写入了2022年颁布实施的《安徽省实施〈中华人民共和国公共图书馆法〉办法》,其中明确规定了每年9月为"江淮读书月"。从此,"江淮读书月"成为安徽省立法规定的文化活动。此外,还有"广州读书月""中山读书月"等。但是,创立最早、持续时间最长、影响最深远的却是"深圳读书月"。以下简述"深圳读书月"的相关内容。

(一)"深圳读书月"的历史叙事

2000年9月,深圳市委宣传部批复深宣复〔2000〕15号文件,决定将每年11月设立为"深圳读书月"。"深圳读书月"从2000年11月肇始,是一项由深圳市委和市政府倡导、专家指导、企业支持、群众广泛参与的全民读书活动。"深圳读书月"秉承营造书香社会,实现市民文化权利的宗旨,着力提升市民素质,建设学习型城市。"深圳读书月"至今已经成功举办了23届。

(二)"深圳读书月"的辉煌业绩

深圳用23年高贵的坚持,将读书坚持成习惯与风尚,让城市的每扇窗都透出阅读的灯光,书写了一个大众参与、全民阅读的"深圳故事";通过23年持之以恒地倡导读书,打造了引领全国风气之先、构筑市民精神高地的全民阅读"典范城市"。

1.书写全民阅读的"深圳故事"

读书让生活更加多彩,阅读让城市更有温度。23年来,每年的11月都会成为深圳市民一年一度的"文化狂欢节"。阅读,培育了深圳人的科学精神;阅读,涵养了深圳人的人文精神;阅读,陶冶了深圳人的艺术精神;阅读,实现了市民的文化权利。

23年的时间,深圳打造了精致的阅读空间,提供了优质的阅读服务,配备了智能化的阅读设施,培养了高素质的阅读人群,积累了创新整合的阅读资源，"书卷气""书香味"已成为深圳的一个重要文化标识和精神符号。

自2000年活动创办以来，累计举办文化活动超1万项，累计吸引2.4亿人次参与。还打造了"十分钟阅读圈"，书写了全民阅读"深圳故事"的精彩篇章。

2.打造全民阅读的"典范城市"

阅读，让城市更文明。23年来，"深圳读书月"用一个个首创，催生了全民阅读的"标杆城市"：首倡读书论坛；首次举行"书香家庭评选"系列活动；首次上演"'深圳读书月'经典诗文朗诵会"；深圳读书论坛邀请中国南北文坛两位"大侠"——金庸、二月河首次相聚深圳，围绕"历史·小说·人生"进行对话；举行首届"图书漂流"活动；打造深圳首家24小时书店——"星光悦读栈"；中央电视台科教频道播出"深圳读书月"30分钟专题片《城市与阅读》，央视对深圳读书活动进行如此大规模的报道在国内尚属首次；首发《全民阅读参考读本》和《全民阅读推广手册》；首次发布《2014年度深圳阅读指数报告》；举办首届广场换书大会，这是国内首次举办的大型群众性图书交换活动；成立深圳首支阅读志愿者代表队；2017年11月1日，"深圳读书月"首届主宾出版社系列活动，中华书局作为"深圳读书月"的首个主宾出版社，开办专题讲座；设立全国首个儿童自然图书奖"大鹏自然童书奖"；成立首个全国性、非营利性的全民阅读联合组织——韬奋基金会全民阅读促进会；首创"名家荐书马拉松"等。

城市因热爱读书而受人尊重。23年来，"深圳读书月"用一个个品牌活动成就了全民阅读的"典范城市"：中小学生现场作文大赛、深圳读书论坛、书香家庭、经典诗文朗诵会、年度十大好书、年度十大童书、图书漂流、青工讲坛、诗歌人间、赠书献爱心、绘本剧大赛、海洋文化论坛、温馨阅读夜、"深圳阅芽"年度深圳阅读指数、年度作家、年度"最"活动评选、

年度致敬译者、年度致敬作者、年度致敬出版人、年度致敬出版机构、读者推荐大奖、名家荐书马拉松等。这些品牌活动又赢得了一个个荣誉："深圳读书月"组委会办公室荣获"全民阅读活动先进单位"称号；深圳市妇联"书香家庭"创建活动荣获"全民阅读活动优秀项目"称号；"深圳读书月"官网——全民阅读网从全国数千个同类网站中脱颖而出，获得大会颁发的"全国出版业网站百强"称号；联合国教科文组织授予深圳"全球全民阅读典范城市"称号；深圳连续三年获评"中国十大数字阅读城市"称号，并于2018年首次在城市数字阅读指数排行上位列榜首；"深圳读书月"被评为全国全民阅读优秀项目。

"深圳读书月"仍在继续，全民阅读的"深圳故事"还有绚丽的续章。正因为这种"标杆""典范"效应，"深圳读书月"也成为学术界一个"现象级"研究课题。以中国知网为检索平台，在"文献"模式下，以"深圳读书月"为检索词进行篇名精确检索，共检索到的文献有121篇；以"深圳读书月"为检索词进行主题精确检索，共检索到的文献有426篇；进行全文精确检索，共检索到的文献有2124篇（检索时间均为2023年9月23日）。

三）"新时代乡村阅读季"

全民阅读的中国故事中，以"阅读季"命名的有很多。比如，"深圳读书月"中的重要品牌活动——"手机阅读季"，这是全媒体阅读时代最潮流、最积极的阅读方式。再比如，"书香安徽阅读季"，这是安徽省立法规定的文化活动。2022年3月25日，安徽省第十三届人大常委会第三十三次会议审议通过了《安徽省实施〈中华人民共和国公共图书馆法〉办法》（以下简称《实施办法》），自2022年6月1日起施行。《实施办法》规定每年第二季度为"书香安徽阅读季"。但是，创立最早、持续时间最长、影响最深远的却是"新时代乡村阅读季"。

2019年9月，中共中央宣传部办公厅、农业农村部办公厅联合下发《关于开展2019年"新时代乡村阅读季"活动的通知》，决定于9—12月组织开展以"新时代　新乡村　新阅读"为主题的"新时代乡村阅读季"活动。"新时代乡村阅读季"是全国性农民阅读文化活动，已经连续举办5年，成为推动乡村文化振兴的重要抓手，详见第五章。

（四）"全国少年儿童阅读年"

全民阅读的中国故事中，以"阅读年"命名的活动中，创立最早、持续时间最长、影响最深远的是"全国少年儿童阅读年"。"全国少年儿童阅读年"于2009年首次举办，致力于引导广大儿童多读书、会读书、爱读书，已经成为推广未成年人阅读的公益品牌。

2009年4月23日上午，由中国图书馆学会首倡，中国百余家公共图书馆、少儿图书馆积极响应的"全国少年儿童阅读年"活动启动仪式暨少年儿童阅读高层论坛在天津市少年儿童图书馆举行。

"全国少年儿童阅读年"活动于2009年4月至2010年4月在全国范围内举行。以"少年强则国强"为口号、以"让我们在阅读中一起成长"为主题的"全国少年儿童阅读年"，主旨活动包括：卓越学校阅读设计大赛，"闻一多杯"中国少年儿童书法、绘画比赛，全国少年儿童快乐阅读大赛，全国创意漫画大赛，国庆60周年全国公共图书馆少儿科普活动展暨中华人民共和国成立60年优秀科普图书展、全国少年儿童阅读调查等。主旨活动分6个阶段，在天津、广州、重庆、北京、长沙等地陆续展开。举办"全国少年儿童阅读年"活动的目的是让孩子亲近书籍，喜欢阅读，习惯阅读，在阅读中快乐，在快乐中成长。"全国少年儿童阅读年"网站同步开通。

第二节 乡村阅读的"中国实践"

全民阅读的中国故事,从"读书日"拓展到"读书月",从"阅读季"到"阅读年"。无论是全民阅读大会和中国数字阅读大会,还是"深圳读书月""新时代乡村阅读季""全国少年儿童阅读年",均是自上而下推动的全民阅读的故事。全民阅读要走深走实,还须自下而上讲好乡村阅读的故事。

上文我们以"日""月""季""年"为视角描绘了全民阅读的"中国方案",下面我们则以"书屋""书节""书人"为切入点讲述乡村阅读的"中国实践"。

一 农家书屋:让乡土充满书香

1.什么是农家书屋

农家书屋是为满足农民文化需要,在行政村建立的、农民自己管理的、能提供农民实用的书报刊和音像电子产品阅读视听条件的公益性文化服务设施。

农家书屋不仅仅是提供读书、看报条件的阅览场所,更是满足农民多样性文化需求的公共空间。建设农家书屋,就是要引导农民群众多读书、读好书,丰富和活跃农村文化生活,提高农民群众的科学文化素质,引导农民群众用知识改变自己的命运,改变家乡面貌,建设和谐美好的社会主义新农村。每一个农家书屋的面积一般不低于20平方米,配备的图书应不少于1500册,品种不少于1200种;报刊不少于20种;音像制品和电子出版物不少于100种(张)。有条件的地方还可以配备数字出版物、网络出版物等。

2.农家书屋的发展历程

农家书屋工程发端于中共中央、国务院的政策要求和农民群众的文化需求。为了深入贯彻落实中共中央、国务院《关于推进社会主义新农村建设的若干意见》《关于进一步加强农村文化建设的意见》,切实解决农民群众"买书难、借书难、看书难"的问题,2007年3月,新闻出版总署会同中央文明办、国家发展改革委、科技部、民政部、财政部、农业部、国家人口计生委联合发出了《关于印发〈农家书屋工程实施意见〉的通知》(以下简称《实施意见》),农家书屋工程开始在全国范围内实施。依据《实施意见》,农家书屋工程的中长期目标是通过5~10年的建设,在全国农村逐步建立起"供书、读书、管书、用书"的长效机制,基本形成适应社会主义市场经济要求、符合社会主义精神文明建设规律的农村出版物发行服务新格局,达到书屋阅读条件完备、体制机制相对完善、服务功能不断加强、出版物发行网络延伸进村、农村出版物市场初步形成的基本目标。同时,要有效解决农村出版产品和服务供给不足的问题,用健康、有益的出版物占领农村出版物市场,用社会主义先进文化占领农村思想文化阵地。

为了实现农家书屋工程的中长期目标,新闻出版总署(国家新闻出版广电总局、国家新闻出版署)等部委为"供书、读书、管书、用书"做了大量工作。如在"供书"上,依据《农家书屋工程建设管理暂行办法》的规定,根据本地实际情况,按照"读得懂、用得上、留得住"的标准配备农家书屋所需出版物,开展整理《农家书屋重点出版物推荐目录》工作;在"读书"上,开展了"我的书屋,我的梦"农村少年儿童暑期阅读实践活动;在"管书"上,编著了《农家书屋管理员》(修订本)、《农家书屋管理员实用手册》等系列指导用书,出台了《出版物的借阅管理》《出版物的整理》等系

列管理制度;在"用书"上,开展了加强农家书屋工程建设和新型农民科技培训工作。

2017年是农家书屋全面建设10周年,农家书屋工程建设取得显著成绩,在保障农民基本文化权益、满足农民基本文化需求、加强农村公共文化服务体系建设和农村精神文明建设等方面做出了重要贡献。国家新闻出版广电总局表彰了一批在农家书屋工程建设中表现突出的先进集体和先进个人。北京市新闻出版广电局公共服务处等100个单位获农家书屋全面建设10周年先进集体;李文治等100人获先进个人;北京市海淀区苏家坨镇柳林村农家书屋等521家农家书屋获全国示范农家书屋;张洁等521人获全国优秀农家书屋管理员。

在总结经验、表彰先进的同时,湖南省株洲市攸县石羊塘镇谭家垅村高桥农家书屋通过书屋"下蛋"模式开展延伸服务的做法得到中央领导同志们的充分肯定,要求进一步总结推广。为深化农家书屋延伸服务,加强农家书屋维护使用,推进农家书屋提质增效,2017年6月5日,国家新闻出版广电总局印发了《关于深化农家书屋延伸服务的通知》(以下简称《通知》)。《通知》要求如下:一要优化网点布局。要坚持因地制宜、发挥作用和资源共享的原则,推动农家书屋图书由行政村向农民居住密集、活动集中的地方延伸,通过设立各种形式的阅读服务点,解决农家书屋服务"最后一公里"问题。二要创新服务模式。要按照"按需制单、百姓点单"的模式,不断创新农家书屋服务形式和内容,更加注重对新兴阅读群体的有效辐射,更加突出对农村青少年的精准服务。三要加强管理员队伍建设。要深入总结推广农家书屋管理员队伍建设的经验,着力推动解决管理员队伍配备、基本待遇、工作条件等方面的实际问题。四要加大支持力度。要积极创造条件,运用多种手段,对开展延伸服务的农家书屋给予激励、扶持。五要抓好组织实施。各级新闻出版广电行政部门要按照中央统一部署和总局党组的要求,切实增强责任意识,将农家书屋工作作为"一把手"工程常抓不懈。

农家书屋提质增效不仅需要延伸服务,还需要补短板、强弱项。2019年2月,国家发展改革委、中宣部、工信部、财政部、广电总局等18个部门联合印发了《加大力度推动社会领域公共服务补短板强弱项提质量促进形成强大国内市场的行动方案》(以下简称《行动方案》)。《行动方案》指出:以县级文化馆、图书馆为中心推进总分馆制建设,加强对农家书屋、农村电影放映工程的统筹管理,实现城乡社区公共文化服务资源整合和互联互通,要在2020年基本建成现代公共文化服务体系。

2019年2月,中宣部、中央文明办、教育部、财政部、农业农村部、文化和旅游部、国家广电总局、共青团中央、全国妇联、中国残联联合印发了《农家书屋深化改革创新提升服务效能实施方案》(以下简称《实施方案》)。《实施方案》提出:要坚持在改革发展中解决问题,在总结经验的基础上守正创新,在服务群众中提升效能,网上网下协同推进。针对农家书屋资源闲置、机制不活、内容不合口味、数字化程度不高等问题,《实施方案》提出通过深化改革提升服务效能,要将目光聚焦在3种农家书屋上:一是做强做优一批示范书屋,二是规范提升一批标准书屋,三是整改完善一批问题书屋。具体的解决方案如下:一是要推动共建共享,解决资源闲置问题;二是要开展主题性和常态化阅读活动,提高书屋使用效能;三是要优化内容供给,有效对接群众需求。改进重点出版物推荐目录评审制定工作,探索"百姓点单"服务模式,加大农民群众自主选书比例,组织出版单位和农家书屋有效对接,开展农家书屋数字化建设,增加数字化阅读产品和服务供给。让农家书屋有书读、有人管、有活动吸引,形成聚人气、有活力、可持续的生动局面。

国家发展改革委等18部委的《行动方案》和中宣部等10部委的《实

施方案》共同聚焦农家书屋,共同推进农家书屋建设。力度之大,措施之精准,前所未有。

2023年是农家书屋全面建设的第17个年头,经过各级政府的大力推动,与时俱进地延伸服务,补短板、强弱项;经过全国各地乡村基层形式多样、异彩纷呈的实践探索,农家书屋建设取得丰硕的成果。2023年4月23日的《新闻联播》报道,全国已建成58.7万家农家书屋。2023年4月23日,第二届全民阅读大会阅读与乡村振兴论坛暨2023"新时代乡村阅读季"启动仪式在浙江杭州举办。论坛上,农家书屋创新示范案例、乡村阅读推广人和最美农家书屋入选名单正式揭晓。这是对农家书屋工程建设成果的一次全方位的展示。

农家书屋让乡土充满书香,不仅满足了农民的文化需求,也实现了农民的文化权利。

二 江苏农民读书节:让农民有诗和远方

农家书屋让乡土充满书香,而农民读书节则让农民不仅有田野山林、泥土芬芳、蓝天白云,还有诗和远方。以读书为"节"的案例有很多,如长江读书节等,但是,以农民读书为"节",创立最早、影响最大的当属江苏农民读书节。江苏农民读书节为乡村阅读的"中国实践"谱写了绚丽的华章。

2008年4月22日上午,江苏省南京市江宁区东山街道上坊社区广场热闹非凡,洋溢着喜庆气氛,由江苏省委宣传部、省文明办、省新闻出版局以及南京市委宣传部、市新闻出版局等部门联合举办的2008江苏农民读书节暨南京市第十三届读书节开幕式在这里举行。

江苏农民读书节以书为媒,好戏连台。在历时半年的农民读书节期间,江苏在全省组织开展旨在培养农民阅读习惯、引导农民读书用书、促进农民求知致富的"十百"活动:推荐百种优秀"三农"读物;百家书店"三农"图书大联展;征集百篇农民读书征文;举办百场农民读书演讲;评选百名农村读书明星;开展百场讲座进乡村活动;组织百名经理回访农家书屋;组织文明单位帮扶百家农家书屋;资助百名农村困难学生;组织百名记者采访农家书屋等。

2012年,江苏省新闻出版局组织开展了第二届江苏农民读书节。通过开展形式多样的活动,激发了农民的读书热情,促进了广大农民勤奋学习、求知致富,共建文明生活。

2013年7月4日,第三届江苏农民读书节在南通市海安县启动,第十届南通韬奋读书节暨第三届海安全民读书节同时启动。

2014年8月12日,第四届江苏农民读书节启动仪式在盐城市盐都区杨侍村举行。在开幕式现场,村民表演起舞龙欢迎从附近赶来的各路读者。第四届江苏农民读书节以"阅读点亮梦想,书香成就人生"为主题,现场还布置了关于此次读书节的详细介绍的活动展板,不少村民停驻在活动展板前观看。盐城市盐都区之所以成为主会场,是因为该区坚持以建设"书香盐都"为统领,已建成数字化农家书屋168家,涌现出一批先进读书典型。

2015年7月17日,第五届江苏农民读书节在新沂市启动。本届农民读书节围绕推动农业现代化建设迈上新台阶,着眼于培养适应现代农业发展需要的新型职业农民队伍,开展丰富多彩的农民读书活动,比如"全省农民喜爱的30本好书"评选等。同时,依托农科教富民示范基地、农业科技创新联盟、农业龙头企业和农民专业合作社,将农民阅读与农村人才工程、现代农民教育培训工程紧密结合起来。注重发挥"新乡贤"在农民阅读中的引领作用。继续开展社区教育中心、科普惠农服务站、校外辅导站与农家书屋协同共建。

2016年7月7日,第六届江苏农民读书节在扬州市高邮市启动。本届读书节的主题为"悦读成就最美的自己"。

2017年7月14日,第七届江苏农民读书节在常熟市支塘镇蒋巷村启动,本届读书节的主题为"阅读开启美好人生"。

2018年,第八届江苏农民读书节举办了农家书屋阅读推广示范活动、送少儿活动进社区等系列活动。

2019年,第九届江苏农民读书节举办了农家书屋主题阅读、走进朱林农家书屋等系列活动。

2020年4月20日,第十届江苏农民读书节暨全省农家书屋万场主题阅读活动在连云港市灌南县新安镇硕项村启动,连云港第八届花果山读书节同期启动。

2021年4月21日,第十一届江苏农民读书节暨农家书屋万场主题阅读活动在宝应县柳堡镇启动,扬州市第七届朱自清读书节也同步启动。本届读书节全省各地聚焦庆祝中国共产党成立100周年,结合"四史"宣传教育,以农家书屋为主阵地,以文明实践志愿服务为主要力量,围绕"耕读传家,为乡村振兴赋能"主题,通过读、学、观、听、讲、演、展等多种形式,共开展阅读活动6.5万余场次,农家书屋服务农民群众高质量阅读需求的效能进一步提升。据调查,江苏省2021年农村居民综合阅读率为78.98%,比上年提高0.94个百分点。

2022年4月20日,第十二届江苏农民读书节暨2022淮安周恩来读书节启动仪式在淮安市盱眙县天泉湖镇陡山村举行。本届读书节发布了第十二届江苏农民读书节100种阅读参考书目、"江苏数字农家书屋"2021年度阅读数据等。读书节以"弘扬耕读文化,助力乡风文明"为主题,以农家书屋为主阵地,以文明实践志愿服务为主要力量,共开展各类阅读活动7.8万余场次。江苏全省农村居民2022年在农家书屋借阅纸质图书的总量达2244万册,在"江苏数字农家书屋"平台新增注册用户139万人、累计达625万人,新增使用3290万人次、累计使用超7100万人次,平均日活度达7.9万人次。

2023年4月20日,第十三届江苏农民读书节暨第十九届徐州读书节在新沂市高流镇老范村启动,活动通过"江苏数字农家书屋"平台向全省农民群众进行了直播。本届读书节发布了第十三届江苏农民读书节100种阅读参考书目、"江苏数字农家书屋"2022年度平台阅读数据等。读书节以"传承中华农耕文明,助力农业农村现代化"为主题,组织开展了"学习贯彻党的二十大精神"主题阅读、"点亮满天星、书送新希望"网络公益项目、"经典润乡土"行动、公共图书馆乡村阅读促进行动、"我的书屋·我的梦"农村少年儿童阅读实践、农家书屋巡展巡讲巡演和数字阅读系列服务、农家书屋"送知识、送健康、送祝福"集中服务、"绿色阅读,健康成长"护苗绿书签活动、"头雁领学"系列宣传推广、社会阅读组织阅读示范"百村行"等重点阅读活动,为农民群众提高思想道德素质和科学文化素质、促进乡风文明助力。

江苏农民读书节以书为"节",为农民读书设"节"。从启动仪式的地点看,从最初在南京市,再到各地市的村,农民读书节更接地气;从最初的"读",发展到"读、学、观、听、讲、演、展",活动日益丰富多彩;从第四届开始设置活动主题,使农民读书节主题鲜明。江苏农民读书节以农家书屋为主阵地,采取农民群众喜闻乐见的形式,培养农民的阅读兴趣,提升农民的阅读水平。截至2023年9月,江苏农民读书节已举办了13届。江苏农民读书节经过13年的实践,基本实现了读书节的目标:让读书成为农民的一种习惯,一种乐趣,一种责任,一种追求,一种时尚。

三 "乡村书人"：让乡村的每一个角落都有读书声

农家书屋让乡土充满书香，江苏农民读书节让农民有诗和远方。"书屋"让乡村有了阅读的空间，"书节"让乡村阅读有了活动载体。无论是乡村阅读空间，还是乡村阅读载体，均是由"人"来推动的，因此，"乡村书人"是乡村阅读最活跃、最积极的因素。

什么是"乡村书人"？从广义角度看，乡村写书人、出书人、买书人、藏书人、教书人、读书人、说书人、听书人、领读者、朗读者等为实现村民文化权利的均可称为"乡村书人"；从狭义角度看，基于乡村阅读的需要，依据"读不读""读什么""怎么读"的逻辑，引导村民读书、指导村民读什么书、教村民怎样读书的人均可称为"乡村书人"，通俗而言，就是乡村阅读推广人。

在乡村阅读的"中国实践"中涌现了大量的、默默奉献的先进人物，正是这些先进人物，让乡村阅读的"中国叙事"更生动、更鲜活、更丰满、更脍炙人口。有的将这些人称为"掌灯人"，有的称其为"点灯人"，有的称其为"乡村阅读榜样"，这里，我们将其统称为"最美乡村阅读推广人"。"新时代乡村阅读季"之"发现乡村阅读榜样"活动已经连续5年推出"乡村阅读榜样"名单，第二届全民阅读大会也发布了"乡村阅读推广人"名单。乡村阅读榜样、乡村阅读推广人的先进事迹详见第五章。

人力资源是乡村阅读的第一资源。正是这些乡村阅读榜样和乡村阅读推广人引领了乡村阅读、指导了乡村阅读、推动了乡村阅读，让阅读成为村民的一种习惯，让乡村阅读成为一种风尚，让乡村的每一个角落都有读书声。

我们以"日""月""季""年"粗略地勾画了全民阅读的"中国方案"。其实，全民阅读的"中国方案"比此更加科学、更加丰富。"日""月""季"

"年"仅仅是一个个观察的视角,是一个个观察点,每一个点都可以延伸出由"点-线-面"构成的画卷,而由一幅幅精彩的画卷构成的精彩篇章才是全民阅读"中国方案"应有的模样。

同样,我们以"书屋""书节""书人"为切入点粗线条地描绘了乡村阅读的"中国实践"。其实,乡村阅读的"中国实践"比此更加生动、更加多彩。"书屋""书节""书人"仅仅是一个个描画乡村阅读"中国实践"的圆点,以此圆点为基点,能画出一个个乡村阅读的"同心圆",由一个个"同心圆"构成的赏心悦目的画卷才是乡村阅读"中国实践"应有的样态。

第四章 提升乡村阅读的路径选择

▶ 第一节 完善乡村阅读空间

一 完善乡村阅读空间的重大意义

乡村阅读空间是乡村人际交往的主要空间,也是乡村文化传承的主要载体。乡村阅读空间的拓展与完善是乡村文化振兴的重要实现途径,直接影响乡村生活质量、乡村文化活力、乡村创新能力,更影响着乡村社会的进一步发展和美丽乡村的建设进程。

乡村阅读空间在建设过程中存在投入不足、设施不利、队伍不稳、服务不强等问题,与乡村特有的多层次、多样化的精神文化需求相比,尚有很大差距。从发现供需到满足供需,尚有很长的路要走。

二 完善乡村阅读空间的基本要求

1.完善的现代治理体系

在乡村阅读的现代治理体系中,主要领导与主管领导高度重视与参与,各级管理团队得力且稳定是完善乡村阅读空间的重要保障。

如何迅速建立得力且稳定的乡村阅读管理团队?"仲弓问政"的经典实例可以为我们所借鉴。

仲弓问政,子曰:"先有司,赦小过,举贤才。"曰:"焉知贤才而举之?"曰:"举尔所知。尔所不知,人其舍诸!"

这段话重点讲述了如何迅速成功组建管理团队的两个关键问题:一是想取得良好的工作成效,必须先组建强有力的团队,而且团队成员须得由贤才担任;二是可通过领导发现、自我推荐和群众举荐三个渠道发现贤才。这段对话同时强调了"人无完人,唯才是用"的用人原则。

乡村阅读工作管理团队应由贤才组成且稳定可持续,一旦任命即应坚定目标,以乡村阅读带动乡村文化的振兴与发展。正所谓"名不正,则言不顺;言不顺,则事不成"。而欲化民成俗,非朝夕之举,必要久久为功。

2. 资金投入的系统性和持续性

巧妇难为无米之炊。要持续推进乡村阅读工程,资金的持续投入是重要的保障。资金如何筹措、如何分配、如何使用、如何监管? 这些都将是各级政府管理部门的研究课题。

乡村阅读工程的推进通常采用这样的模式:财政拨款、设定试验区、平均分配、强力推进、通过典型案例带动周边区域。在这样的模式下,试验区被动接受资金并启动工作,容易造成乡村阅读空间无法得到充分利用的局面,且在资金的使用上不科学、不合理。

为在以后的乡村阅读工作中避免重复走入以上误区,可由省、市乡村阅读领导团队设立"项目资金池",资金来源由财政拨付和公益捐赠两个方面构成,将"资金分配拨付制"改为"项目资金申请制",即由终端(乡村阅读点)逐级向上申请,针对申请书的团队建设、项目规划、实现步骤、资金来源、项目保障、持续性发展等进行多方位评估,以申请书可行性之优劣制定出相应的资金预算方案,从而确定该项目的启动资金总数,进

而提供资金扶持。在项目启动后,各乡村阅读工作单位均应"自我造血",以减轻各级政府的资金负担。

通过这种方式,终端(乡村阅读点)将变被动接受拨款为主动申请支持,工作成效大大提升,亦可激发更多乡贤主动申请加入乡村阅读工作,提高参与的积极性。

3.管理服务团队的专业性与公益性

乡村阅读助力文化振兴是一项伟大的事业,自上而下系统性地设立专业的管理服务团队是工作中的重中之重。在管理服务团队的建设中,管理意识直接影响服务的品质,故此,有必要向所有从事管理服务工作的同志阐释"管理"和"服务"的正确理念。

所谓"管理",非仅管人、管钱、管物。中华传统文化中的"管理"二字不但充满着愉悦,且充满着智慧。"管",如篪,十二孔之音,物开地芽。"管"是一种声音,当它奏响的时候,万物复苏。"理",制玉也。如琢如磨,使之成器成才。顾名思义,"管理"就是通过发出的指令,让人感到舒畅、欢欣,从而产生积极的行动。

所谓"服务","服"是舒舒服服,是一种愉悦之感;而"务"则意为做事情。"服务"就是在舒舒服服、心情愉悦的状态下完成一件事情。

秉承"管理"与"服务"的正确理念,乡村阅读管理服务团队的创建应以专业性为基础,以公益性为宗旨。只有这样的团队,方可持续散发出个人、团队和项目的魅力,从而让乡村阅读工作成为持续助力乡村文化振兴的重要组成部分。

4.有效开展乡村阅读活动

任何一项工作要想取得预期的效果,取决于好的策划方案与执行效果,乡村阅读工程也不例外。在具备了项目设计方案、项目资金、项目人力资源以后,如何因地制宜地高效推动乡村阅读工程的进程,围绕乡村阅读开展各项活动无疑成了关键。

乡村阅读项目的推进与活动的策划与执行应具备如下特点：

(1)方案的可持续性与统一性。活动的主题、形式、内容、环境等都要统一且可持续，活动的内容、形式都要围绕乡村阅读主题来进行。

(2)方案的量化和细化相结合。活动方案不宜出现不确定因素，每一个环节都应当有详细且具体的制定方案与人员安排方案，每个事项都应尽可能做到量化和细化。通过制定一些表格，对这些事项一一进行标注，从而实现量化和细化相结合。

(3)方案不但要具有可行性，更应具有易操作性。所制定的活动方案，要确保能够顺利推进，活动前期、中期与后期的时间要把握精准，以免活动变得虎头蛇尾。活动的规模应根据已有的预算和情况来确定，必要的时候也可将其拆分，每一次的活动方案不宜过于复杂，内容不宜过多，形式不宜过难，要具有易操作性。

(4)方案应具有针对性。活动方案必须要根据活动主体的特点来进行策划，这样才能吸引目标群体的关注，达到活动的目的。乡村阅读活动的方案忌"高大上"，宜小而精，将各个群体分开活动，每次活动针对性解决或满足目标群体的问题或需求。

(5)方案应具有创新性与地方特色。千篇一律的活动自然无法具有吸引力，很多活动的成功之处就在于有其自己的特色，让人印象深刻。立足本地乡土特色，才能产生创新性的活动方案。

5.探索阅读空间的延伸服务

随着乡村阅读工程的不断推进，乡村阅读空间不断完善，各项活动活力升级。而围绕乡村文化振兴这个大的目标，乡村阅读工程还能在哪些方面进行服务延伸，在哪些方面更能起到移风易俗的作用，在哪些方面能引领民众为地方文明与经济发展起到重要的作用，这将是伴随乡村

阅读工程的推进产生的新的连锁课题,应纳入乡村阅读工程远期之工作目标。

6.充分采集信息

乡村阅读空间的使用率是衡量乡村阅读工作落地效果的基本指数,也是乡村阅读助力乡村文化振兴的重要表现。以现有的农家书屋为例,经过走访发现,经济和文化发展较好的乡村,大多在村民活动中心设立了农家书屋,尚有部分村民使用;而经济和文化相对落后的乡村,大多是在村部的某一角落设立农家书屋,闲置率较高,没有真正有效使用,使得乡村阅读无法落地开花。如何提高乡村阅读空间的使用率,让乡村阅读成为村民喜爱的一项业余活动,就要从信息采集入手。无论是新设还是调整,均应在充分采集信息和汇总研判的基础上进行。

如何进行信息采集及汇总研判呢?下面我们就来一起交流原则与方法。

(1)明确信息采集目标。在进行信息采集之前,首先需要明确采集目标,这样信息采集才能更加有针对性。比如,如果目标是乡村留守儿童这个群体,那么就需要关注孩子们日常的兴趣爱好,通过聊天互动、监护人描述等方法进行信息采集,从而汇总研判出孩子们感兴趣的、能提高孩子们鉴赏能力的、能增强孩子们智力和心理发展的读本或有声读物供孩子们阅览使用。这样针对不同的群体采集并汇总对应的信息,乡村阅读工作就有了明确的目标。

(2)信息采集工具的选择和使用。信息采集工具大体上分为人工采集工具和智能采集工具两种。所谓人工采集,就是利用人工收集和整理的信息采集方法,包括问询、调查表、意见箱、留言板、聊天工具留言等。这种方法适用于面向数量少的人群,缺点是费时费力,优点是资金投入小。而智能采集,就是利用互联网大数据、智能信息采集器、智能信息监控系统等先进方式,对某一区域或某一群体进行的智能采集和数据分析方法,这种方法更适用于面向相对大的区域和群体,缺点是资金投入大,优点是覆盖面广且及时和精准。无论使用哪一种方法进行信息采集,乡村阅读工作均应把信息采集工作贯穿于始终,为乡村阅读工作的开展、走向和未来提供数据支撑。

(3)整合多渠道信息的重要性。在进行信息采集时,可以从多个渠道获取所需要的信息。通过整合多渠道信息,可以得到更全面、更准确的结果。比如,在进行乡村阅读工作调研时,可以从不同渠道获取信息数据,并将其整合起来进行分析。以家庭关系为例,不仅可以通过家庭走访获取信息,还可以通过邻里聊天等多渠道了解亟须解决的家庭问题,从而为书籍的准备和活动的策划提供数据支撑。

(4)持续学习和更新理念与技术。在信息采集领域,技术和工具的更新非常快速,持续学习和更新理念与技术是非常重要的。只有不断跟进最新的信息采集技术和工具,才能在未来的乡村阅读工作中让信息采集起到有的放矢、事半功倍的效果。

第二节　建设乡村阅读资源体系

一　乡村阅读资源体系的基本组成

乡村阅读资源体系是指围绕乡村阅读这一项目,将参与或引发互动的所有资源进行整合后所形成的资源体系。除传统阅读资源、数字阅读资源外,阅读管理资源、阅读环境资源、阅读指导资源、阅读信息资源、阅读服务资源、阅读公益资源等均包括在乡村阅读资源体系之中。

二 乡村阅读资源体系的发展方向

伴随乡村阅读工作的不断推进,资源体系的发展方向会遵从点、线、面的扩散原则,如图4-1所示。

个体将从被动式的"激发性阅读→推荐性阅读"发展到主动式的"兴趣性阅读→需求性阅读→广泛性阅读"。

群体将从被动式的"指令性参与→责任性参与"到主动式的"积极性参与→创新性参与→奉献性参与"。

个体和群体从各自的"点"出发,随着两条"线"的陆续延伸到互动缠绕,最后形成"全民阅读+终身阅读"这样的一个"面"。

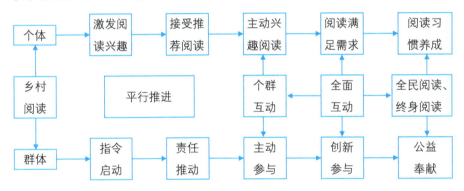

图4-1 乡村阅读资源体系发展与工作推动衔接示意图

三 乡村阅读资源体系的统筹建设

行事贵在得法。在各级乡村阅读领导单位明确乡村阅读资源体系的基本组成和发展方向后,乡村阅读资源体系的统筹建设就成为乡村阅读工作的重中之重。在阅读空间(书库、书屋等)资源、阅读管理资源、阅读环境资源、阅读指导资源、阅读信息资源、阅读服务资源、阅读公益资源这七大资源中,哪些先行,哪些伴行,哪些适时跟进? 乡村阅读资源体系科学系统的统筹性建设将使得乡村阅读工作不但条理清晰、易于操作,且有的放矢、事半功倍。

1.管理、服务与指导资源先行,以人为本

乡村阅读领导小组由各级党委书记为组长,党委副书记为副组长。管理与服务团队由各级宣传、文化、教育、农业等部门选送人员组成,对乡村阅读领导小组负责,重点做好项目和活动的审批、统筹、协调和服务工作。可将乡村阅读指导团队和管理与服务团队并列,并产生双向互动,让专业的人为专业的事提供信息、策划、分析、建议与指导,且直接向领导小组负责。这样的两级管理设置变常用的垂直性管理为扁平化互动,以使乡村阅读的每一项工作都有的放矢、相互支撑、高效运转。如图4-2所示。

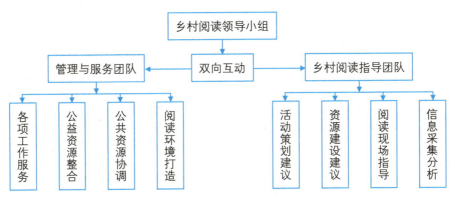

图4-2 乡村阅读人力资源两级管理示意图

2.阅读空间、公益与信息资源伴行,以需为本

在管理与服务团队、乡村阅读指导团队完成建设后,书库、书屋的建设,类分文献、组织文献分类排架,编制分类检索系统,筹办阅读活动等均应在两个团队的建议与执行下予以计划和完成。以信息资源为依托,以阅览对象的需求为根本,融合本地乡村文化,创新性策划主题活动,使阅读空间、阅览环境、活动主题与活动形式深入人心,从氛围打造到读本内容尽散书香魅力。

3.环境与其他六大资源适时跟进,以境为本

乡村阅读从无到有,精心打造和适时补建阅读环境是乡村阅读工作的重要一环。

环境打造宜依需而设,落地乡土,因地制宜,充分展现乡村阅读之特色。除村部、村民活动中心外,广场一隅、晾晒场一角、超市休闲区、山间草亭、水桥一侧、乡贤院落、民宿客厅、鱼塘草庐、田间伞下、大棚犄角……都是阅读发生地,亦是书香浸润时。让乡村阅读从把人请过来到把书借回去,再到把阅读点设出去到把书籍换回来,让乡村阅读从意向幻化为意境,才能让书香无处不在,让阅读随时发生。

伴随阅读环境的不断完善,阅读空间资源、阅读管理资源、阅读指导资源、阅读信息资源、阅读服务资源、阅读公益资源这六大资源辅以适时跟进,整个村庄就会被书香弥漫,从而启智增慧、增技补能,让知识的力量变为乡村文化振兴的翅膀。

(四) 乡村阅读资源体系的管理服务

乡村阅读资源体系的管理与服务,首先应遵循上文所述之"管理"与"服务"的定义与定位,即"管理"与"服务"应建立在相互愉悦、相互成就的基础上,这就要求团队成员和志愿者对从事乡村阅读工作是自愿的、主动的、奉献的。

乡村阅读资源体系的管理不仅是书籍和人员的管理,还是乡村阅读各大资源体系的统筹管理。如图4-3所示。

乡村阅读工作绝不仅仅关乎一个小小的管理团队,乡村阅读工作面对的是千家万户,管理的是相关乡村阅读的方方面面,欲将此项工作完全铺开,达到我们理想的乡村阅读状态,这不是几个人或者十几个人可以完成的任务,也不是仅专业人员所能承担的重任。

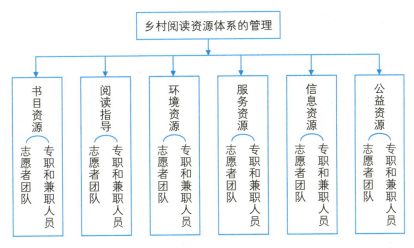

图4-3 乡村阅读资源体系的管理团队组成与任务示意图

因此,人力资源的保障是乡村阅读工作持续深化的根本,应充分认识到志愿者队伍建设的重要性。不断发展和充实志愿者队伍,在各个资源体系下分设志愿者团队,通过号召、培训、演练、实操,不断提升各志愿者团队的业务服务能力与相互协调能力,从而让乡村阅读的每一项工作、每一次活动都做到人责配位且高效运转。

（五）乡村阅读资源体系的整合升级

资源整合是衡量一项工作的领导者水平高低的重要标志。所谓资源整合,就是将一些看起来相互之间没有关系的事物加以组合,而产生一种新的工作形态,使得各种资源得以增值的过程。

乡村阅读资源体系的整合与升级,是各级乡村阅读管理服务团队全新的课题。这项工作的推进,我们建议先从一两个资源整合开始,陆续扩大整合资源数量,通过不断地调整互动方式使各种资源相互补充,目标指向乡村阅读工作的可持续、可深入和大覆盖。

在各项资源整合的过程中,应充分征求并听取相关专业人士的意见,管理团队应与专业人士探讨如何将相关资源和谐地嫁接进乡村阅读

工作,使各项资源得以为乡村阅读工作做出贡献。

当两个、三个甚至多个资源在整合过程中产生冲突时,管理团队应立足整体,综合考虑并做出研判和引导,在此消彼长和彼消此长的工作动态中让各项资源互相协调,使其最终为乡村阅读工作服务。

资源整合与升级的原则如下:

(1)有进有退、有取有舍,最终达到整体最优。

(2)将分散、割裂、封闭和无序的各个资源,变成团队、互动、开放和有序的整体资源。

(3)通过组织和协调,把彼此相关却彼此分离的职能变成共同参与的使命,使各自独立的合作伙伴最终整合成一个服务系统,取得"1+1>2"的效果。

(4)根据当地的乡村阅读发展战略和乡村阅读需求对相关资源进行重新配置,寻求资源配置与阅读需求的最佳结合点,以突显本地的乡村阅读特色。

(5)在资源整合的战术选择层面上,优化配置才是最终决策。

▶ 第三节　打造乡村阅读品牌活动

一　为什么要打造乡村阅读品牌?

1.打造乡村阅读品牌的重要性

在习近平新时代中国特色社会主义思想的指导下,把品牌理念引入乡村阅读工作,提出并全面深入开展创建乡村阅读品牌工作,这项工作的重要性在于——

探索新时代乡村阅读工作助力乡村文化振兴的实践模式。乡村振兴是中华民族伟大复兴的重要组成部分,如何在乡村阅读工作中助力推进乡村文化振兴,使乡村阅读工作落到实处、见到成效,迫切需要乡村阅读工作者结合实际情况探索新的乡村阅读工作模式,以新理念、新思路和新资源进一步加强和改进乡村阅读工作,才能使乡村阅读工作始终体现时代性,把握规律性,富于创造性。

探索乡村阅读品牌的打造,巩固乡村阅读品牌的成果,扩大乡村阅读品牌的影响。搭建有效载体,使乡村阅读成为乡村文化振兴的抓手,形成乡村阅读助力乡村文化振兴的长效机制。通过一个又一个乡村阅读品牌的培育、创建、宣传和推广,不断激发乡村阅读工作的内在活力,为乡村文化振兴提供不竭的动力。

深入开展乡村阅读品牌创新活动,是为了探索新时代乡村文明、乡村经济、乡村旅游、乡村文化与乡村阅读工作相融合的新模式。用品牌效应提升乡村阅读和乡土文化的社会影响力,不断完善乡村工作的科学化水平,促进乡土文化更好地服务群众并推动乡村科学的发展。

2.什么是乡村阅读品牌?

乡村阅读品牌是以乡村阅读为核心,以推进乡村阅读各项工作为目标,以服务乡村和村民为重点,以加强乡村阅读各个资源建设为保证,凝聚着党和政府服务"三农"之理念,具有较强的号召力、凝聚力和影响力,较强的示范作用、导向作用和辐射带动作用,较高的乡村群众认同感和鲜明时代特色的乡村阅读工作理念、标识或载体。具体来看,乡村阅读品牌包括以乡村阅读工作中某一领域工作为主创建的乡村阅读品牌、以乡村阅读为主创建的管理服务团队品牌、乡村阅读指导团队品牌、乡村阅读各系统资源的志愿者团队品牌和乡村阅读先进个人品牌等。

二 如何打造本土的乡村阅读品牌?

1.发现潜在的乡村阅读品牌

有没有一种在实践中快速打造乡村阅读品牌的方法呢?答案是肯定的。那就是去发现潜在的乡村阅读品牌,即在以往的乡村阅读工作中通过发现或推荐某个潜在的乡村阅读品牌,进行研判和扶持,迅速打造出本地乡村阅读品牌,从而快速实现品牌效应。

潜在的乡村阅读品牌一般具有以下特征:

(1)个人品牌。对乡村阅读项目有强烈的参与欲望和学习能力;乐于创新,能跳出本岗位的局限全面地看待乡村阅读工作;有高度的韧性和情感成熟度,乐于奉献。在管理服务团队成员、阅读指导团队成员、志愿者团队成员、当地教师、当地乡贤、当地创业者和返乡创业者当中均存在潜在的乡村阅读个人品牌。

(2)团队品牌。专业能力和综合能力突出,乐于奉献,业余时间相对稳定,团队成员爱好广泛且相对博学,情感丰富且有一定的才艺。在乡村阅读管理服务团队、阅读指导团队、各体系资源团队中均存在潜在的乡村阅读团队品牌。

(3)本土品牌。在乡村阅读工作中服务于本土乡民,乐于奉献,有固定的乡村阅读场所,在村民中有良好的口碑,拥有一定数量的读者。在已开设或筹备开设的乡村阅读场所负责人中存在潜在的乡村阅读本土品牌。

2.明确乡村阅读品牌的使命

一旦确定了潜在的乡村阅读品牌,就要明确其使命:即明确成为品牌的意义和目的,使其在乡村阅读工作中更好地传递此项工作的价值和理念,吸引更多的相关人士和乡村读者积极参与,最终服务于乡村文化振兴。

3.建立乡村阅读品牌的形象

乡村阅读品牌形象是乡村阅读工作的外在展示,包括品牌名称、标识、理念、口号、宣传语等。应建立一个清晰的、高辨识度的、容易被记住和传播的且具有吸引力的品牌形象。

4.营造乡村阅读品牌的口碑

乡村阅读品牌的口碑是被服务的对象对该品牌的认知、评价和反馈。好的品牌口碑不但能够带动本地的乡村阅读工作,而且会通过相关辐射带动周边的乡村阅读工作,同时通过各种资源的互动对乡村经济和文化振兴起到积极的作用。

5.设定乡村阅读品牌的战略

乡村阅读品牌的战略是各级乡村阅读工作者制定的长期发展规划和目标,包括品牌定位、人力资源定位、阅读群体定位、工作相关策略等。好的品牌战略会扩大品牌影响力,实现该乡村阅读品牌持续和创新性发展。

6.提高乡村阅读品牌的创新力

伴随乡村阅读工作的持续推进,读者对象的需求也在不断发生变化。乡村阅读品牌的创新力将成为品牌生命力的保障,具有创新能力与不断提升和改进品牌的综合能力,方可满足读者日益增长的需求并最终成为乡村阅读品牌中的常青树。

7.持续提升乡村阅读品牌的服务力

乡村阅读品牌一旦形成,服务对象的人数和层次就在发生不断的变化,持续提升品牌的服务力,是品牌持续拥有口碑和未来发展的基本保障。拥有好的服务力,在不断满足服务对象的同时,一定会带动当地经济水平和文化水平的进一步提升。

8.让乡村阅读品牌成为乡村本土的文化符号

我们希望看到每一个乡村阅读品牌在扶持中成长,在发展中成熟,最终成为当地的一个文化符号,那将会对当地乡村振兴事业起到最大的助力。

▶ 第四节 培育乡村阅读经典案例

一 个人奉献+政府扶持模式

本案例介绍的是2018"中国好人榜"助人为乐好人汪世本和他的"乡野文化棚",通过回顾一个普通村民到"中国好人"的成长轨迹,我们可以从中获得启发。

1.初心:我就想让村民有书看,有网上

汪世本1950年出生在安徽省铜陵市义安区西联镇观兴村,初中毕业后中断学业,回村务农。但他对知识和书本的渴望与热爱近乎成痴,一生中最大的爱好就是买书、读书和藏书。

20世纪90年代,已过不惑之年的汪世本看到,村民们的生活好了,日子富了,却玩起了麻将,有的还染上了玩牌赌博的恶习,甚至还有一些留守儿童迷上了黑网吧。汪世本说:"我很痛恨那些聚众赌博的人,还有那些黑网吧,害得小孩都不回家,都变成'网痴'了。我想为村民创办一个文化活动场所,能使周围的村民在空余时间有一个去处,使留守儿童有一个学习的地方。就建一个'文化大棚'吧!多一个'文化大棚'就少一个麻将室、少一个黑网吧!我就想伸手拉他们一把,让村民们有书看,有网上!"

汪世本的家庭并不富裕,主要收入都来自务农。为了实现创建"文化大棚"的梦想,汪世本几乎把所有的积蓄都投入其中,经过经年累月的收藏,共收集字画500余幅,藏书5000余册,报纸数万张,以及象棋、围棋等益智类玩具。

2.践行:"乡野文化棚",亮相艳铜都

2011年年初,汪世本决定将他近20年的梦想变为现实。他将自己的想法向有关领导进行了汇报,立即得到了支持。3月23日,汪世本创办的"乡野文化棚"举行了揭牌仪式。简陋的农家小院,三间红砖青瓦的小平房,平日寂静的院子里突然变得热闹非凡,屋内、屋外的墙壁上挂满了书画作品。农家小院的浓浓墨香吸引了八方来客。

铜陵诗词学会的诗人来了,铜陵书画联谊会的书画艺术家也来了,大家在参观"乡野文化棚"的同时,纷纷挥毫泼墨,现场题诗作画,为"乡野文化棚"献上自己的墨宝。

前来参观的市老年书画联谊会会长高光明激动地说:"一个农村书画爱好者,能有这样的公益心,让人感到钦佩。"

3.扶持:老农民大爱,全方位宣传

汪世本,一个乡村书画爱好者,潜心谋划20年,将自住的农家小院改造成"乡野文化棚",大力倡导读书和学习之风,引领村民们爱上读书,让书香润泽了乡村;汪世本,一个优秀的志愿者,每逢春节为乡邻义务写春联,关心与关爱留守儿童的成长,为他们免费提供学习场所;汪世本,一个助人为乐的老农民,连续数年将自己栽种的几万斤蔬菜无偿送给乡镇敬老院等福利机构。

《铜陵日报》来了,铜陵广播电视台来了,《安徽日报》来了,安徽网络广播电视台也来了。这些主流媒体先后对汪世本的事迹进行了全方位地宣传与报道。汪世本也先后获得了"铜陵好人""第二届铜陵市道德模

范""江淮志愿服务典型""老有所为奉献奖"等荣誉。

4.发展:老骥伏枥,志在千里

为了"乡野文化棚"的发展,汪世本不仅花光了积蓄,还将"铜陵好人""老有所为奉献奖""第二届铜陵市道德模范奖"的奖金和儿女们孝敬他的钱全部投入进去。院内围墙、地面硬化、塑钢大棚几项基础设施就花费了1万多元。

汪世本说:"在有生之年,只要身体还行,我会把'乡野文化棚'一直办下去,'乡野文化棚'的大门永远为大家开放!'乡野文化棚'不仅可以服务农村,还可以为城里人服务,现在农家乐旅游活动越来越热,文化棚可以为城里人提供一个落脚的地方,让他们感受农村文化;如今城里的空巢老人多,而农村有很多空闲房屋,我们可以让空巢老人与农村家庭进行结对互助,让城乡老人加强交流,进一步丰富老年人的生活,从而促进城乡一体化发展。"

5.品牌:赠人玫瑰,手留余香

周末和节假日,"乡野文化棚"都会迎来一批又一批的参观者。汪世本会为这些特殊的客人提前准备好免费的茶水和点心,并义务为大家解说书画作品。人们在感受书画文化的同时,也被汪世本老人热衷公益事业的淳朴和高尚的心灵深深地感染着。

在村里说起汪世本,无人不竖起大拇指,由衷地为他"点赞"。村民们说他是一个朴实无华的好人。70多岁的村民查从新说:"前年春节后,汪老通过自家的网络,下载了1983年以来历届春晚的视频,下雨天或农闲的时候就放给我们这些老年人看,他真是一个很有心的人。"

为了丰富乡邻的文化生活,寻常日子汪世本也始终真诚待人、无私助人。每年春节前,他总是买来红纸和笔墨,无偿地为村民们写春联,有求必应,让来者满意而归。汪世本每年还会在自家地里种一些蔬菜,无论是爱心人士还是其他市民来采摘,一律不收费。他还将菜都无偿赠送给学校、乡镇敬老院、养老中心等福利机构,连续7年免费提供蔬菜近4万斤。

路过汪世本的家,时常会听到一阵阵欢快的笑声,那是留守儿童们快乐的笑声。这里是村里留守儿童的乐园,是孩子们畅游书海、静心读书的第二课堂,也是学习书法和绘画的课后学堂,因为这里有一位多才多艺又和蔼可亲的汪爷爷。

汪世本,一位普普通通的农民,没有豪言壮语,为人平凡质朴,但他用人生大爱书写了一篇乡村文化振兴的经典篇章,就像一股清冽的甘泉滋润着人们干涸的心田,馨香益远,弥久醇香。

我们相信,汪世本和他的"乡野文化棚",会伴随品牌影响力的提升,辐射与带动当地乡村阅读和乡村文化建设,也一定会带动当地乡村经济发展,且随着服务能力的不断提升,最终发展成为当地的一个文化符号。

二 政府主导+社会参与模式

山东省青岛市平度市"行走的书箱"乡村阅读推广项目,以送图书下乡的形式,探索出政府主导、社会参与的乡村阅读新模式。在山东省"四个100"先进典型评选中,其被评为"最佳志愿服务项目",同时荣获全国图书馆文化扶贫案例三等奖。

平度市是山东省面积最大的县级市,农村人口占人口总数的56%。为破解村庄书屋场地小、图书少、管理弱、常关门等问题,平度市政府主导推动,经文化、教育等多部门联合调研、科学规划、充分评估,最终确定由平度市政府、青岛快乐沙爱心帮扶中心和"微笑彩虹"阅读志愿者服务队三方合作,组成"行走的书箱"运营组织体系,选取面积区域最大、扶贫任务最重、群众阅读需求最多的旧店镇,试点开展送图书下乡活动,以积

累经验,推动项目落地生根、健康发展。

先后有18个镇(街、开发区)建立了图书馆分馆,在分馆设立"行走的书箱"驿站,领读人培训中心和图书配备中心则负责为书箱有效行走备足"粮食"。政府连续5年将"行走的书箱"纳入民生实事,投入资金900余万元,用于书箱配备、图书更新等,保障书箱行稳、走远。

此外,青岛快乐沙爱心帮扶中心还聘请5名全国阅读专家成立专业团队,具体负责项目策划实施和全程指导。"微笑彩虹"阅读志愿者服务队进村入户开展全面调研,掌握阅读需求、绘制行走路线、编制培训手册等,为项目实施提供第一手资料。

"行走的书箱"乡村阅读项目设计了学校、村庄两条行走路线,组建领读人队伍,形成以领读人为网络的乡村阅读新模式。

书箱分为成人和青少年两类,分别在村庄和学校进行"双线行走",确保"行走的书箱"乡村全覆盖。根据群众点单、专家推荐,每个书箱配备10册图书,并根据群众反馈及时更新书目。不同颜色的书箱放置文学类、少儿类、科技类等不同类型的书籍,方便不同群体选书阅读。每个书箱还配有导读手册、借阅登记册等,并统一编号和编目,防止流失。仅活动首年,旧店镇1267个书箱就"行走"了178个村庄,平均借阅量为34本。

为了实现分区管理路线,针对村庄,在镇域内划分工作区,每个工作区安排1名志愿者为区长,负责组织该区域内的图书配送;针对学校,以学区为单元,根据学生数量为每个班级提供3~6个书箱,借阅周期为3个月。村庄最高借阅量达117本,班级最高借阅量达到890次,平均每个学生的借阅量达到22本。

聚焦群众特殊性,开展特色化"行走"。针对种(养)户群体,书箱配送到田间地头、养殖场点;针对老年人、留守儿童、贫困群众、残障人士等群体,书箱配送到家到户,确保乡村阅读惠及每一位群众,浸润每一个角落。旧店镇徐里村大棚种植户通过"行走的书箱",从《设施蔬菜栽培》一书中学习到新的栽培技术,纯收入比往年增加了近30%。

以领读人为纽带,发挥领读人榜样力量,引导并激发广大农民群众的阅读需求,形成了以领读人为网络的乡村阅读新模式。同时,组建队伍,充分发挥农村老党员、老干部、老教师等作用,为每个书箱都配备领读人,负责交流引导、图书管理、意见反馈等,精准化满足群众阅读需求。试点当年,吸引本土教师、农家书屋管理员、退休干部、热心公益人等401人自愿报名。

项目构建了"平度市图书馆—镇图书馆分馆—农家书屋"三级联动服务体系,开展领读人分批培训1250人次,培训镇级百姓宣讲员100名。开展"阅读名家进乡村""乡村阅读论坛"等活动,邀请知名儿童作家、少儿图书编辑、逐梦深蓝讲师团等各界人士进乡村、进校园,引导社会力量助力乡村阅读。

项目还开展了"领读一百天,改变人生路"活动,树立优秀领读人典型。旧店镇石楼院村村民徐兆鹏利用"行走的书箱"资源,成立专业合作社,承包土地1100亩,将书箱引入合作社,提升全社科技知识水平,带动本镇其他村庄种植蜜桃9000多亩,在当地形成了优势特色农业种植。

据统计,截至2023年年底,"行走的书箱"已走进平度市的220个村庄、30所乡村学校,累计图书借阅量超过50万册。

三 乡村学校阅读联盟+志愿服务模式

2008年,南京市教学研究室汪笑梅主任和行知小学杨瑞清校长倡导与组织20所地处南京郊县的农村学校成立"南京市乡村阅读联盟",联盟共同制定了"乡村阅读联盟学校盟约"。

共同承诺:用阅读影响乡村师生的精神世界,提高乡村师生的生活

品质和生命质量，为学生的终身幸福奠定基础。

共同保证：为孩子提供充足的、适合儿童阅读的图书；图书室、阅览室定期开放；开设阅读课并纳入学校课程表；师生每天在校共读时间为15分钟以上。

共同坚持：每天师生自由共读15分钟以上；每两周开设1节课外阅读指导课；每学期举办1次读书节活动；每年联合开展1次乡村阅读联盟校主题式现场会。

共同追求：坚持持续、长效、高效的乡村阅读联盟学校的联动体系；创设以校为本的特色乡村阅读活动；各联盟校组织学生进行课外阅读，定期进行交流研讨；乡村阅读联盟学校的课外阅读活动逐步由零散、执行任务型转向系列设计，突出校情。

联盟把促进教师阅读作为经常性的活动主题，组织了系列活动，如：儿童阅读推荐课设计案例评比活动、讲故事比赛、"荷塘书香"乡村儿童夏令营等。市教研室还专门开设乡村阅读联盟学校教师阅读指导培训班，组织城乡教师的课外阅读指导交流，通过联盟活动，提升乡村教师的阅读指导能力。

在乡村阅读活动中，联盟特别关注到农村儿童的特点：交际能力培养严重缺乏、交际面窄、交际能力弱、缺乏自信、视野不宽、思维不够活跃等。因此，联盟特别组织针对性活动促进联盟学校学生与学生之间的交流，创设交际环境与氛围，鼓励与提高乡村学生的交际语言与交际能力。

为尽快解决乡村阅读联盟学校中存在的现实问题，比如留守儿童、经济困难生、缺乏阅读环境等，2009年2月，南京市教研室"大家语文博客网"策划了南京市振兴阅读"蒲公英"书香田园行志愿者活动。十几天时间，就募集了200名首批志愿者，他们中有特级教师、南京市教研员、市区学科带头人、优秀青年教师、一线中青年教师，他们与南京市乡村阅读联盟学校的教师相互牵手,利用节假日,对二、三年级近600名学生进行面对面的义务阅读辅导,并进行活动交流,提高活动效果。

2010年,"蒲公英"书香田园行活动进一步扩大活动规模,城区和乡村学校手拉手对口互助,使更多的教师和学生参与到"蒲公英"书香田园行活动中来。飞翔的"蒲公英"伴随着一个又一个志愿者田园行的感人故事,为南京市的乡村阅读工作做出了巨大的贡献。

(四) 政府推动+科技助力模式

浙江省嘉兴市自2011年全面推进农家书屋工程以来,用科技助力农家书屋,打造百姓智慧"加油站",仅用一年时间就实现了771个行政村农家书屋全覆盖,搭建各村文化地标,实现村村有书屋,户户飘墨香,打通文化润心"最后一公里"。

2019年,嘉兴市实施农家书屋深化改革创新方案,利用科技助力农家书屋,将公共图书馆服务体系与农家书屋融合,在已经实现与公共图书馆业务管理系统互联互通、纸质资源通借通还和数字资源共享共用的基础上,进一步将农家书屋提档升级为礼堂书屋。礼堂书屋的信息化程度呈现质的飞跃,嘉兴市计划到2025年,将80%的农家书屋升级为礼堂书屋,为百姓提供环境更美好、资源更丰富、服务更优质的公共阅读空间。

礼堂书屋在硬件建设方面,面积要求达到150平方米,配有不少于4000册、2000种的图书和不少于50种的报刊。80%以上的礼堂书屋设置了儿童专区(架),其中约30%还开辟了独立的亲子阅读区、电子阅览区等。同时为弱势群体设置了无障碍设施,增加阅读空间的人性化服务。

礼堂书屋的软件配备齐全,农民读书会、绘本故事、亲子辅导等各类活动丰富多彩。同时针对不同年龄层次的读者设置个性化服务,更有

"健心客厅"入驻其中,不断贴近群众实际需求。

在嘉善县罗星街道鑫锋村农家书屋,钱鑫是负责农家书屋管理维护工作的管理员,不但要确保书屋全天候向群众免费开放,还要劝导借阅人将书籍归位和有借有还。书屋内,书架整齐划一,图书陈列有序,有村民在书架上找书,有孩子围坐在书桌边认真阅读……

在南湖区新丰镇竹林村的礼堂书屋,一位读者来到了门口,"滴"的一声,书屋门口的刷脸显示屏亮起,门随之打开。书屋管理员利用手机上的智慧书房管理云平台,随时掌握书屋的借阅情况。

"以前没有农家书屋,一到夏天和冬天,农民们就没事干。自从建起了农家书屋,一有闲暇时间,大家就会来借阅图书。如今,农家书屋不仅是农民学习科技的主阵地、宣传政策法规的主战场、汲取精神养料的好去处,更是村民开启致富路的'金钥匙'!"读者嵇玮翀说。

"农家书屋是'不走的专家'和'不花钱的顾问'!自从有了农家书屋,我们老百姓茶余饭后也有了'根据地'。农家书屋里有一些工具书很有指导作用,也有一些书籍很有意思,有空翻来看看,真的能学到很多,帮助我们农民既富了脑袋,又富了口袋。"凤桥镇村民陆建根高兴地说。他除了经常去书屋借阅一些农业技术书籍,也会阅读书屋里的一些名著典籍、心理书籍等,还会参与书屋举办的一些具有地方文化特色的活动。

嘉兴市的农家书屋经过历年的补充更新,现有农家书屋纸质图书馆藏总量约196万册,书屋均藏书2500册,年均更新图书1000册,涉及种养技术、法律维权、健康养生、科普知识、少儿读物、《红船启航》等红色书籍等各个方面。新时代农家书屋不仅丰富了农民朋友的文化生活,为农民朋友提供和掌握农耕信息,提高他们的文化水平,还成为传播党的相关政策和精神的宣传堡垒和重要阵地。

▶ 第五节　发现与培育乡村阅读推广人

一　乡村阅读推广人的意义

促进乡村阅读者开阔视野,提升知识、思维和文化水平;使乡村阅读者在阅读中体验丰富的情感,从而陶冶情操;通过阅读推广活动,使乡村阅读者提高个人品位、形成更好的品格和人格;推动乡村阅读文化的传播与普及,促进乡村文化建设,助力乡村振兴。

二　如何发现乡村阅读推广人

在发现乡村阅读推广人的过程中,着重从相关人群中按照以下6个特征去发现潜在的乡村阅读推广人:具有一定的本土口碑和影响力,热爱阅读并善于沟通,具备一定的教育知识,具有一定的组织能力,有奉献精神,有一定的创新能力。

人无完人,当发现其具备以上的2~3个特征时,即应通过沟通交流确定发展对象,同时确定培育对象,最终经过专业培训使其成为合格甚至优秀的乡村阅读推广人。

三　如何培育乡村阅读推广人

当发现并确定乡村阅读推广人后,应在以下方面对其能力进行培育,使其迅速成为正式的乡村阅读推广人,并纳入乡村阅读资源体系。

组织协调能力的培养:通过参与和组织各种形式的阅读活动,如朗读比赛、阅读分享会、阅读"马拉松"等,培养和锻炼其组织能力,激发乡

村阅读的兴趣和热情。

书籍推荐能力的提升：乡村阅读推广人应根据读者的年龄、兴趣爱好等因素，向他们推荐适合的书籍，使其在阅读中获得快乐和成长。此项能力可从本章第七节"乡村阅读推荐书目"的学习和掌握入手，逐步提高个人的书籍推荐能力。

阅读指导能力的提高：乡村阅读推广人应能通过各种方式，如讲故事、朗读、阅读指导等，培养读者的阅读习惯和兴趣，并最终形成良好的阅读习惯和终身学习能力。

乡村阅读文化传播能力的培养：乡村阅读推广人应学会通过各种渠道，如微信公众号、短视频平台等，传播阅读文化，让更多周边的人了解乡村阅读的重要性、乡村阅读带来的快乐和成长。

乡村阅读推广人是一个充满爱心和责任感的职业，工作意义重大，可以促进村民的智力发展、培养村民的情感、塑造村民的人格、推动乡村文化发展。乡村阅读推广人不仅需要具备一定的素质和能力，未来也将面临更多的机遇和挑战。

我们相信，在乡村阅读推广人的努力下，更多的村民将会爱上阅读，为自己的人生点亮一盏明灯。

▶ 第六节　构建乡村阅读的激励机制

一　构建乡村阅读激励机制的重要性

营造浓厚的乡村阅读氛围，提升村民的主动阅读意识，增强村民阅读的内生动力，是推动乡村阅读工作的关键所在。改变村民的阅读理念,使其养成良好的阅读习惯是一个长期的过程,为使整个过程具有强引力和长效性,亟须建立多元化的激励机制,通过设置有效的物质和精神奖励,调动村民阅读的积极性,从而培养其阅读兴趣,使其养成阅读习惯,让乡村阅读真正走进乡村的业余文化生活,助力乡村文化与文明建设。

二 乡村阅读激励机制构建的原则和方法

以人为本的原则:乡村阅读是"一片云推动一片云,一个灵魂影响另一个灵魂"的工作,激励机制的构建必须以人为前提,把尊重、理解、关心、调动人的积极性放在首位,激励机制的设计必须承认和满足人的需求,容纳人的个性,开发和利用人的潜能,激励和奖赏人的创造,营造和改善人的环境,从而在此项工作中实现人的价值。

公平性原则:公平、公正、公开地建立一套科学系统化、制度化和规范化的乡村阅读工作测评标准,切实让乡村阅读工作者看到人生的前景。

统一和灵活性原则:乡村阅读激励机制的成熟稳定需要一个过程,发挥其作用也需要很长的时间,朝令夕改不利于工作的推进。但伴随环境和各种资源的变化,应以灵活性应对以适应变化,从而使乡村阅读激励机制在统一和灵活中逐渐完美。

可操作性原则:建立乡村阅读激励机制的目的是使其发挥重要的作用,如果激励机制的设计脱离工作实际,则与激励机制的设计初衷背道而驰。

物质与精神相结合原则:物质和精神激励是调动乡村阅读工作者积极性不可或缺的两个重要因素,两者既可独立设计,又可相互结合。伴随乡村阅读相关人员整体素养的提升,精神激励将更多满足人的自尊、

社交及自我实现人生价值的较高层次需求,可使人发挥出惊人的潜在能量,克服工作困难,强化工作的主人翁意识,从而更加积极地推动乡村阅读工作持续发展。

目标激励法:根据乡村阅读工作的长短期规划设定目标激励措施,远期目标与阶段性目标相结合,大目标与小目标相结合。为使目标激励更具调动性,应充分让具体工作人员参与目标制定并让其有决策权,通过各种体系资源的不断整合和提升,适时调整目标激励政策,将为相关工作人员不断奋斗提供源源不断的动力。

薪酬福利激励法:这是物质刺激最重要的一环,在未来的乡村阅读工作中,会出现更多专职的工作人员,为他们设置专职的岗位,将他们的薪酬福利待遇、评优、评先、评级、评职称设计在乡村阅读工作的总体规划中并陆续实施,才会让更多有志之士无后顾之忧,全身心地投入到乡村阅读工作中去。

（三）乡村阅读激励机制应与乡村阅读各项活动紧密结合

乡村阅读激励机制的设计应从顶层开始,各级工作部门根据各自的资源及特点在大的框架下进行改良,以适应本地的乡村阅读工作,同时应涵盖围绕乡村阅读工作所开展的各项活动。凡事预则立,充分地考量乡村阅读的各项活动,将会为激励机制的设计提供最广泛的覆盖和最有力的支撑。

▶ 第七节　优化乡村阅读推荐书目

乡村阅读工作,人是整项工作的魂,而书就是整项工作的根。"书籍是人类进步的阶梯。"多读书、读好书,古今中外的书是读不尽的,有选择地读书,向读者推荐对陶冶情操、身心健康、知识拓展、能力提升有用的精品书籍,摒弃与社会主义核心价值观相悖的不良书籍,是乡村阅读工作的一项重要工作。打造农家书屋,创建乡村阅读点,书籍的选择是一项必备的工作。

本节中,我们在古今中外的书海中,精选了18大类书籍,供乡村阅读工作中筹建书库时选用。

一 党的建设系列书目

具体书目见表4-1。

表4-1　党的建设系列书目一览表

序号	书名	作者
1	论党的青年工作	习近平
2	习近平书信选集(第一卷)	习近平
3	习近平著作选读(第一卷)	习近平
4	习近平著作选读(第二卷)	习近平
5	知之深　爱之切	习近平
6	论坚持人民当家作主	习近平
7	江山就是人民　人民就是江山:习近平总书记系列重要论述综述(2020—2021)	人民日报社
8	平"语"近人:习近平总书记用典	中共中央宣传部,中央广播电视总台
9	平"语"近人:习近平喜欢的典故(第二季)	中共中央宣传部,中央广播电视总台
10	习近平的七年知青岁月	中央党校采访实录编辑室
11	习近平法治思想学习纲要	中共中央宣传部,中央全面依法治国委员会办公室
12	习近平扶贫故事	人民日报海外版
13	习近平关于"不忘初心、牢记使命"论述摘编	中共中央党史和文献研究院,中央"不忘初心、牢记使命"主题教育领导小组办公室

续表

序号	书名	作者
14	习近平关于"三农"工作论述摘编	中共中央党史和文献研究院
15	习近平关于总体国家安全观论述摘编	中共中央党史和文献研究院
16	习近平经济思想学习纲要	中共中央宣传部,国家发展和改革委员会
17	习近平用典(第一辑)	人民日报评论部
18	习近平用典(第二辑)	人民日报评论部
19	习近平与大学生朋友们	《习近平与大学生朋友们》编写组
20	习近平在福建(上、下)	中央党校采访实录编辑室
21	习近平在福州	中央党校采访实录编辑室
22	习近平在宁德	中央党校采访实录编辑室
23	习近平在上海	中央党校采访实录编辑室
24	习近平在厦门	中央党校采访实录编辑室
25	习近平在浙江(上、下)	中央党校采访实录编辑室
26	习近平在正定	中央党校采访实录编辑室
27	习近平的扶贫足迹	本书编写组
28	习近平讲故事	人民日报评论部
29	习近平讲党史故事	本书编写组
30	毛泽东诗词欣赏	周振甫
31	毛泽东选集(第一卷)	毛泽东
32	毛泽东选集(第二卷)	毛泽东
33	毛泽东选集(第三卷)	毛泽东
34	毛泽东选集(第四卷)	毛泽东
35	论学习贯彻党的二十大精神——人民日报评论文章合集	人民日报评论部
36	二十大党章学习手册	本书编写组
37	图解二十大精神	本书编写组
38	图解二十大党章	本书编写组
39	坚持党的领导	冯颜利
40	新时代党的自我革命	段妍
41	功勋	任初轩

续表

序号	书名	作者
42	人民的信仰	张荣臣,蒋成会
43	全面建成小康社会大事记	中共中央党史和文献研究院
44	中国共产党的历史使命与行动价值	中共中央宣传部
45	论共产党员的修养	刘少奇
46	请党放心 强国有我	刘俊彦
47	国有企业基层组织工作规定学习手册	中国法制出版社
48	中国共产党安徽历史 第一卷(1923—1949)	中共安徽省委党史研究院
49	中共党史简明读本	杨德山,韩宇
50	党史必修课(全新修订版)	张珊珍
51	大党风范:大党就要有大党的样子	黄明哲
52	正道沧桑	金一南
53	闽山闽水物华新:习近平福建足迹(上、下)	本书编写组
54	当好改革开放的排头兵:习近平上海足迹	本书编写组
55	干在实处 勇立潮头:习近平浙江足迹	本书编写组
56	青年马克思(第三版)	(俄)Н.И.拉宾
57	让群众过上好日子:习近平正定足迹	本书编写组
58	国家功勋相册	梁相斌
59	新时代宣传思想工作	中共中央宣传部干部局
60	党的二十大报告关键词	本书编写组
61	何建明红色三部曲	何建明
62	党员应知应会100词	吕红波,王庆英,辛怡萱
63	青年的力量	王建敏
64	人民日报这样讲故事	王一彪
65	青年 青年	韩海涛,刘长军,胡刚
66	党员干部廉洁修养镜鉴	杜刚,郭亚东
67	读懂百年党史	张珊珍

二 家风家训系列书目

具体书目见表4-2。

表4-2　家风家训系列书目一览表

序号	书名	作者
1	中国家风	张建云
2	老一辈革命家家风	吴文珑
3	一纸家书教泽深:傅雷与傅氏家风	王晓璇
4	深巷重门:徽州社会"家风文化"传播研究	路善全
5	老一辈革命家和先进模范人物好家风故事集	中共中央党史和文献研究院
6	岁月时光机:好家风	卞家华
7	毛泽东家风	丁晓平
8	家教的力量:中国文化世家的家风家训	上海图书馆
9	国学润家风:女性齐家智慧书	向亚云
10	我的家风第一课:家范传承	中国妇女儿童博物馆,赵斌斌
11	家风门风:52栋里的故事	周亚鹰
12	中华优秀家风故事	匡济
13	特别狠心特别爱Ⅱ:赢在家风	沙拉
14	涵养好家风:党员的10堂主题党课	张彦,沈丹等
15	习近平关于注重家庭家教家风建设论述摘编	中共中央党史和文献研究院
16	弟子规·增广贤文·朱子家训	〔清〕李毓秀,〔明〕朱柏庐等
17	图解孔子家语颜氏家训	王肃,〔南北朝〕颜之推
18	父子宰相家训:聪训斋语　澄怀园语	〔清〕张英,张廷玉
19	郦波评说曾国藩家训(上、下)	郦波
20	郦波评说曾国藩家训精华	郦波
21	哈佛家训	斗南
22	岳家的"传家宝":《朱子家训》与中华优良家教	流炀
23	曾国藩家训	檀作文
24	中华家训讲读	张艳国

续表

序号	书名	作者
25	中华国学启蒙经典:颜氏家训	〔南北朝〕颜之推
26	革命先辈家书家训丛书	《革命先辈家书家训丛书》编写组
27	中华经典藏书:颜氏家训	檀作文
28	哈佛家训Ⅱ:一位哈佛博士的家教课本	(美)威廉·贝纳德
29	历代家训精粹通录(上、下)	本书编写组
30	知行合一王阳明	度阴山
31	中国四大家训(全四册)	〔南北朝〕颜之推,〔北宋〕司马光,〔南宋〕袁采,〔明〕袁了凡
32	颜氏家训·朱子家训	〔南北朝〕颜之推,〔清〕朱用纯
33	中国传统家训选	赵伯陶

（三）红色经典系列书目

具体书目见表4-3。

表4-3　红色经典系列书目一览表

序号	书名	作者
1	百部红色经典:生死场	萧红
2	百部红色经典:燕山夜话	马南邨
3	红色经典阅读(少儿版):小英雄雨来	管桦
4	百部红色经典:新儿女英雄续传	孔厥
5	百部红色经典:咆哮了的土地	蒋光慈
6	百部红色经典:今夜有暴风雪	梁晓声
7	无障碍阅读·红色经典系列丛书:保卫延安	杜鹏程
8	红色经典阅读(少儿版):新儿女英雄传	袁静,孔厥
9	百部红色经典:鲁迅回忆录	许广平
10	红色经典少年品读书系:我们的弟弟"小萝卜头"	宋振苏,宋振平,宋振西,宋振华,宋振铺

序号	书名	作者
11	红色经典中的历史经验:中央党校公开课第二季	崔丽华,王纵横,曾毅等
12	百部红色经典:革命烈士诗抄	李大钊等
13	红色经典少年品读书系:和爸爸一起坐牢的日子	卢大容
14	无障碍阅读·红色经典系列丛书:闪闪的红星	李心田
15	无障碍阅读·红色经典系列丛书:平原枪声	李晓明,韩安庆等
16	无障碍阅读·红色经典系列丛书:两个小八路	李心田
17	无障碍阅读·红色经典系列丛书:野火春风斗古城	严文井
18	无障碍阅读·红色经典系列丛书:闪闪的红星	李心田
19	无障碍阅读·红色经典系列丛书:新儿女英雄传	袁静,孔厥
20	红色经典少年品读书系:野妹子	任大星
21	无障碍阅读·红色经典系列丛书:雷锋日记	雷锋,冯元
22	无障碍阅读·红色经典系列丛书:风云初记	孙犁
23	红色经典少年品读书系:少年印刷工	茅盾
24	无障碍阅读·红色经典系列丛书:苦菜花	冯德英
25	无障碍阅读·红色经典系列丛书:铁道游击队	知侠
26	红色经典少年品读书系:小砍刀传奇	勤耕
27	无障碍阅读·红色经典系列丛书:吕梁英雄传	马烽,西戎

四 中华经典系列书目

具体书目见表4-4。

表4-4　中华经典系列书目一览表

序号	书名	作者
1	易中天中华经典故事:庄子	易中天
2	中华经典藏书:吕氏春秋	张双棣等
3	中华经典藏书:唐诗三百首	顾青
4	中华经典名著全本全注全译丛书:传习录	陆永胜

续表

序号	书名	作者
5	中华经典名著全本全注全译丛书：世说新语（上、下）	朱碧莲,沈海波
6	中华经典名著全本全注全译丛书：诗经（全二册）	王秀梅
7	中华经典藏书：大学　中庸	王国轩
8	中华经典名著全本全注全译丛书：左传（全三册）	郭丹,程小青,李彬源
9	中华经典藏书：战国策	缪文远,罗永莲,缪伟
10	中华经典名著全本全注全译丛书：菜根谭	孙林
11	中华经典藏书：周易	王国轩
12	中华经典藏书：古文观止（全二册）	钟基,李先银,王身钢
13	中华经典藏书：庄子	饶尚宽
14	中华经典藏书：诗经	王秀梅
15	中华经典藏书：宋词三百首	吕明涛,谷学彝
16	中华经典藏书：徐霞客游记	朱惠荣
17	中华经典名著全本全注全译丛书：楚辞	林家骊
18	中华经典诵读大书：诵读弟子规	爱德少儿
19	中华经典名著全本全注全译丛书：吕氏春秋（上、下）	张双棣等
20	中华经典藏书：金刚经　心经　坛经	陈秋平,尚荣
21	中华经典藏书：老子	饶尚宽
22	中华经典藏书：三字经　百家姓　千字文　弟子规	李逸安
23	中华经典藏书：聊斋志异	于天池
24	中华经典藏书：了凡四训	尚荣,徐敏,赵锐
25	中华经典藏书：资治通鉴	陈磊
26	中华正史经典：史记（全四册）	（汉）司马迁

（五）国外经典系列书目

具体书目见表4-5。

表4-5　国外经典系列书目一览表

序号	书名	作者
1	经典译林：局外人　鼠疫	（法）阿贝尔·加缪
2	经典译林：海底两万里	（法）儒尔·凡尔纳
3	经典译林：羊脂球·莫泊桑中短篇小说选	（法）莫泊桑
4	经典译林：战争与和平（全二册）	（俄）列夫·托尔斯泰
5	经典译林：菊与刀	（美）鲁思·本尼迪克特
6	经典译林：老人与海	（美）欧内斯特·海明威
7	经典译林：小妇人	（美）路易莎·梅·奥尔科特
8	经典译林：飞鸟集	（印）泰戈尔
9	经典译林：双城记	（英）查尔斯·狄更斯
10	经典译林：一九八四	（英）乔治·奥威尔
11	经典译林：天方夜谭	佚名
12	经典译林：物种起源	（英）查尔斯·达尔文
13	经典译林：变色龙·契诃夫中短篇小说集	（俄）安东·契诃夫
14	经典译林：名人传	（法）罗曼·罗兰
15	经典译林：安徒生童话选集	（丹）H.C.安徒生
16	经典译林：罪与罚	（俄）陀思妥耶夫斯基
17	经典译林：绿山墙的安妮	（加）露西·莫德·蒙哥马利
18	经典译林：汤姆叔叔的小屋	（美）斯托夫人
19	译林名著精选：爱丽丝漫游奇境·镜中世界	（美）刘易斯·卡罗尔
20	经典译林：爱的教育	（意）德·亚米契斯
21	经典译林：格林童话全集	（德）雅各布·格林，威廉·格林
22	经典译林：查拉图斯特拉如是说	（德）弗里德里希·尼采
23	经典译林：昆虫记	（法）让-亨利·法布尔
24	经典译林：金银岛	（英）史蒂文森
25	经典译林：八十天环游地球	（法）儒勒·凡尔纳
26	经典译林：飘（上、下）	（美）玛格丽特·米切尔

（六）乡村振兴系列书目

具体书目见表4-6。

表4-6　乡村振兴系列书目一览表

序号	书名	作者
1	文化振兴:夯实乡村振兴的精神基础	顾保国,林岩
2	脱贫攻坚与乡村振兴衔接:人才	中国扶贫发展中心,全国扶贫宣传教育中心,李海金等
3	脱贫攻坚与乡村振兴衔接:组织	中国扶贫发展中心,全国扶贫宣传教育中心,吕方等
4	脱贫攻坚与乡村振兴衔接:概论	中国扶贫发展中心,全国扶贫宣传教育中心,黄承伟等
5	走向乡村振兴	王宏甲
6	王传喜:乡村振兴的"领头雁"	王本奎
7	全面推进乡村振兴:理论与实践	北京师范大学中国乡村振兴与发展研究中心,北京师范大学中国扶贫研究院
8	乡村振兴方法论	王立胜
9	中国乡村振兴之路:理论、制度与政策	刘守英,程国强等
10	中国乡村振兴示范村:振兴村	庞丽铷
11	2022最新乡村振兴法规汇编	法律出版社法规中心
12	怎样派强当好驻村第一书记和工作队员:乡村振兴篇	本书编写组
13	中华人民共和国乡村振兴促进法学习手册	施春风
14	乡村振兴相关政策一本通	傅思明
15	乡村振兴案例选(第一辑)	曹立
16	助力乡村振兴出版计划:乡村金融知识实用手册	王晓润
17	助力乡村振兴出版计划:农业生产全程机械化技术	陈黎卿
18	乡村振兴实用法律手册	张勇
19	问道乡村振兴	刘奇
20	中华人民共和国乡村振兴注释法典(新五版)	法律出版社法规中心

（七）励志经典系列书目

具体书目见表4-7。

表4-7　励志经典系列书目一览表

序号	书名	作者
1	幽微的人性	李玫瑾
2	自洽:在不确定的日子里向内看	史欣悦
3	幸福的要素	(美)泰勒·本·沙哈尔
4	俞敏洪:我的成长观	俞敏洪
5	梦的解析	(奥)弗洛伊德
6	21天逆袭人生	吕白
7	人生心法	雾满拦江
8	我为什么要听你的:如何与强势的人相处	(法)伊莎贝尔·娜扎雷·阿加
9	宽心:星云大师的人生幸福课	星云大师
10	一切都是最好的安排	加措
11	你的努力,要配得上你的野心	李尚龙
12	戒了吧,拖延症:写给年轻人的拖延心理学	辰格
13	底层逻辑2:理解商业世界的本质	刘润
14	没有翅膀,所以努力奔跑	(韩)诸葛铉烈,金度润
15	遇见未知的自己	张德芬
16	力量	(澳)朗达·拜恩著;王莉莉
17	底层逻辑:看清这个世界的底牌	刘润
18	有钱人和你想的不一样	(美)哈维·艾克
19	人性的弱点	(美)戴尔·卡耐基
20	拆掉思维里的墙	古典
21	世界很喧嚣,做自己就好	老杨的猫头鹰
22	热爱可抵岁月漫长	老杨的猫头鹰
23	因为这是你的人生	蔡康永
24	美的历程	李泽厚

续表

序号	书名	作者
25	蛤蟆先生去看心理医生	(英)罗伯特·戴博德
26	蔡康永的情商课:为你自己活一次	蔡康永
27	好看的皮囊千篇一律,有趣的灵魂万里挑一	老杨的猫头鹰
28	被讨厌的勇气:"自我启发之父"阿德勒的哲学课	(日)岸见一郎,古贺史健

八 人文经典系列书目

具体书目见表4-8。

表4-8　人文经典系列书目一览表

序号	书名	作者
1	曾国藩(全三册)	唐浩明
2	故宫六百年(上、下)	阎崇年
3	冲击与回应:从历史文献看近代中国	(美)费正清,邓嗣禹
4	在峡江的转弯处:陈行甲人生笔记	陈行甲
5	国家宝藏(第一季)	于蕾
6	国家宝藏(第二季)	于蕾
7	国家宝藏(第三季)	于蕾
8	中国历代政治得失	钱穆
9	上下五千年(上、下)	林汉达
10	神秘消失的古国	盖志芳
11	长城连绵的脊梁	艾绍强
12	典籍里的中国:名士知己	有书
13	中国人:他们的故事和文化	(美)赖德烈
14	勋章:强国功勋　热血报国	新华社解放军分社
15	幸福之路	(英)伯特兰·罗素
16	红军长征史	中共中央党史研究室第一研究部
17	典籍里的中国:帝王将相	有书
18	典籍里的中国:巾帼佳人	有书
19	一个民族的远航	关河五十州

续表

序号	书名	作者
20	信念之子:雷锋	胡世宗
21	五万年中国简史(全二册)	姜鹏,李静,姚大力等
22	这里是中国(全二册)	星球研究所,中国青藏高原研究会

九 民俗艺术系列书目

具体书目见表4-9。

表4-9 民俗艺术系列书目一览表

序号	书名	作者
1	民俗剪纸艺术:鸟兽花木	王彪
2	民俗剪纸艺术:刀笔生花	罗春海
3	民俗剪纸艺术:吉祥如意	张旭
4	民俗剪纸艺术:人物剪纸	吴雪松
5	名师教你读经典:中国民俗故事	张欣瑜
6	集异成谭:民俗·神仙·志怪故事精编	陈晓晖
7	中华传统民俗文化集粹:江湖百业图	查加伍,蒋敬生
8	中华好故事:民俗亲情	中华好故事栏目组
9	民俗·民风·民韵	殷耀
10	经典民俗学十二讲	董晓萍
11	中国民俗剪纸技法	陈竟
12	淮河流域民俗风情	张邦建
13	民俗小故事	范梦博
14	大家的民俗学	(日)岛村恭则
15	我爱你,中国:民俗风尚	少儿国学编辑部
16	中华民俗老黄历(第四版)	任丙未
17	揭秘中华文明翻翻书:揭秘传统民俗	呦呦童
18	幼学启蒙丛书:中国民俗故事	赵镇琬
19	电影概论	杨远婴

续表

序号	书名	作者
20	认识戏剧	(美)埃德温·威尔森
21	设计诗	朱赢椿
22	我是奥运摄影官	赵迎新
23	怪物猎人：视觉美术画集	日本株式会社喀普康
24	黑白摄影：52个任务清单	(英)布莱恩·劳埃德·杜克特

十 体育艺术系列书目

具体书目见表4-10。

表4-10 体育艺术系列书目一览表

序号	书名	作者
1	中华戏曲健身操十段锦：云手	涂玲慧
2	中国戏曲健身操十段锦：折扇	涂玲慧
3	艺术体操入门学习指南	张小春,赵永才
4	体育竞赛组织编排(修订版)	张孝平
5	长拳	国家体育总局武术研究院
6	戳脚	国家体育总局武术研究院
7	柔力球实用教程	刘占锋,盛克庆,刘会玲
8	足球快速入门	健身私人教练编写组,陈新生
9	看图学打网球	刘同众
10	田径运动体能训练	王丙振
11	羽毛球训练教程	郑其适,陈浩
12	运动解剖学图谱(第三版)	顾德明,缪进昌
13	散打运动入门	叶伟,崔建功,曹云清
14	体育运动中的筋膜松解术	(英)露丝·邓肯
15	杨式太极拳	傅钟文,周元龙
16	体育赛事的组织与管理	樊智军等
17	篮球规则2020	中国篮球协会

续表

序号	书名	作者
18	三十二式太极短棍	李应宏
19	说手:太极拳静思录(诚修篇)	赵泽仁,张云
20	羽毛球	郑其适,陈浩,陈坚坚

 生活百科系列书目

具体书目见表4-11。

表4-11　生活百科系列书目一览表

序号	书名	作者
1	中华实用起名全解	毛上文,毛业淳
2	一看就会家常靓汤	生活食尚编委会
3	果蔬自制面膜:日常保养	利盛莉
4	你的家居有多幸福?50招让你的家居更幸福	(英)苏菲·凯勒
5	新手下厨一本通	张红卫
6	舌尖上的世界	陈志田
7	潜水鱼书	(意)安东内拉·费拉里
8	生活窍门全知道	葛静
9	专家传授宝宝健康成长方案(0~3岁)	马军
10	第一次下厨做鱼虾	深圳市金版文化发展有限公司
11	人人都爱的经典蛋糕配方	国明
12	舌尖上的味道2:家常炒菜	饮食生活编委会
13	我为鞋狂:跟韩剧明星学鞋靴搭配	李普贤
14	遇险自救完全指南	黄敏
15	韦氏婴幼儿睡眠圣经	(美)金姆·韦斯特,乔安娜·凯南
16	脾虚的孩子不长个、胃口差、爱感冒	罗大伦
17	湖湘自然历	湖南日报社
18	抗霾养肺书	杨力
19	第一次玩刺绣:可爱的刺绣图案500款	(日)美创出版社

续表

序号	书名	作者
20	气象知识100问	陈石定,汪应琼,王晓莉等
21	提升亲密关系的整理魔法	黄婷
22	玫瑰圣经图谱解读	王国良,(法)皮埃尔·约瑟夫·雷杜德
23	暖女人不生病	秦丽娜
24	邂逅文艺的多肉植物志	慢生活工坊
25	戒掉烟瘾	王福阳
26	高血压患者的1000个生活宜忌	李立祥
27	一本书了解痛风	(日)谷口敦夫
28	舌尖上的味道2:家常菜	饮食生活编委会
29	笑傲白酒江湖之宝典	李红
30	早教学校	崔绍珍
31	斯瑟蒂克胎教早教圣经	高振敏
32	今日靓汤第5辑:冬	佘自强
33	0～3岁育儿实用大百科	裴胜
34	野草离离:角落中的绿色诗篇	王辰,张瑜
35	女性养生药膳大全	李叶
36	亲爱的日历2017	楚尘文化
37	第一次养鹦鹉就恋爱了:鹦鹉饲养图鉴	(日)爱鸟生活
38	家常主食大全	李鹏
39	孕期40周营养看这本就够了	邵玉芬,许鼓
40	钩出超可爱立体小物件100款:浪漫花饰篇	(日)美创出版社
41	欢喜:冯唐时间管理手账	冯唐
42	老花匠的养花笔记	马传新
43	脱胎换骨的人生整理术:爱自己从整理开始	袁春楠
45	生存手册:关键时刻能救命	(美)乔舒亚·皮文
46	锦鲤的养殖与鉴赏	苏建通
47	养生豆浆·米糊·五谷汁·蔬果汁大全	宁微言
48	家庭医学全书	张清
49	想吃菜,在家种!自给自足的居家种菜指南	畑明宏

续表

序号	书名	作者
50	做最好的育儿师	王慎明
51	跌打损伤验方集成	窦志芳
52	海水鱼大图鉴	（日）加藤昌一
53	园艺	李双全,褚伟良
54	学会韩式妆108个秘诀	朴怡妮
55	和金牌月嫂学做月子餐	周英
56	钩针与棒针编织技法大全	（日）美香,优香
57	整理的法则:简单易懂的整理入门	（日）泽一良
58	现代佳联300副	潘国璋
59	基安娜的四季花艺配色:大师级单色系插花灵感指南	（美）基安娜·安德伍德
60	丰田式家务分享法	（日）香村熏
61	家庭养花指导(修订版)	黄勇
62	袖珍速查万年历(1901—2050年)	曾强吾,曾娟娟
63	料理图鉴	（日）越智登代子
64	佐伯千津美肌课堂	（日）佐伯千津
65	全世界最简单的素食	（法）让·弗朗索瓦·马莱
66	从零开始学收纳(进阶篇)	日本株式会社主妇与生活社
67	妊娠 分娩 育儿	李小萍
68	阴瑜珈:风靡欧美的高端瑜伽课	于伽
69	观赏鱼完全图鉴	李莉
70	品鉴宝典:葡萄酒完全掌握手册	（日）君岛哲至
71	急救自救(家庭版)	李春深
72	最详尽的刺绣教科书	日本新星出版社
73	终极结绳技巧全图解	（澳）内维尔·奥利菲,玛德琳·萝莉·奥利菲
74	50道全世界最简单的低卡大餐	（法）J.F.马莱
75	图解养生野菜速查全书	曹军,于雅婷
76	兰花赏培600问	许东生
77	重建孩子免疫力	陈治锟,李珈贤

续表

序号	书名	作者
78	逃生背包:黄金72小时灾难自救必备	(美)克里克·斯图尔特
79	亲切的手作美食	莉莎
80	郑东旖育儿经	郑东旖
81	住进整洁的家	理想宅
82	茶道茶艺200问	田立平
83	法国蓝带西餐制作(初级)	法国蓝带厨艺学院
84	根雕制作技法(修订版)	汪传龙
85	最详尽的钩针编织教科书	(日)濑端靖子
86	老年期痴呆康复与照料	陈中鸣,童建业
87	探寻中国茶	吴建丽
88	坐月子吃什么每日一页	李宁
89	最详尽的缝纫教科书	(日)河合公美子
90	标准对数视力表	《标准对数视力表》编写组
91	宝宝健康与疾病百科全书	(美)菲利帕·凯
92	好名字好前程:吉祥起名实用大全	胡帅
93	一学就会的100个小魔术	宁平
94	盆景制作与赏析	王丽珍,章璐
95	本草纲目中药煲汤养生速查全书	健康养生堂编委会

十二 家庭教育系列书目

具体书目见表4-12。

表4-12 家庭教育系列书目一览表

序号	书名	作者
1	不管教的勇气:跟阿德勒学育儿	(日)岸见一郎
2	陪孩子慢慢长大	果麦
3	中共党史青少年读本(插图版)	张树军,武国友
4	劳动课与养活教育	聂圣哲
5	张泉灵阅读通关:进阶篇	泉灵的阅读表达素养课研发部

续表

序号	书名	作者
6	孩子,假如你吃了棉花糖	(美)乔辛·迪·波沙达
7	心灵富足的童年	(日)安野光雅
8	优秀是教出来的:创造教育奇迹的55个细节	(美)罗恩·克拉克
9	我的事业是父亲	蔡笑晚
10	游戏力:笑声,激活孩子天性中的合作与勇气	(美)劳伦斯·科恩
11	伟大也要有人懂:小目标　大目标　中国共产党一路走来	陈晋
12	陪孩子走过初中三年	刘称莲
13	小学生食品安全知识读本	刘烈刚,杨雪锋
14	半小时漫画青春期:生理篇	陈磊,半小时漫画团队
15	哈佛家训	斗南
16	大国育儿:儿童成长的中医智慧	徐荣谦
17	新百年新中国(青少版)	张维为
18	小学数学课外读物:数学真美妙(小学5—6年级)	刘勇
19	超级父母时间管理术	邢子凯
20	郑渊洁家庭教育课	郑渊洁
21	我的志愿	吴於人,罗翔,陶勇等
22	陪孩子弯道超车	吉田

十三　书法绘画系列书目

具体书目见表4–13。

表4–13　书法绘画系列书目一览表

序号	书名	作者
1	赵孟頫书妙严寺记	孙宝文
2	历代拓本精华:张猛龙碑	何海林
3	沈粲草书千字文	何海林
4	吴宽书种竹诗	何海林

序号	书名	作者
5	文徵明书杂花诗	孙宝文
6	文徵明书醉翁亭记	孙宝文
7	石鼓文	孙宝文
8	宋拓淳化阁帖(第九卷)	孙宝文
9	宋徽宗草书千字文	孙宝文
10	大观帖(第四卷)	孙宝文
11	陆游自书诗	孙宝文
12	赵孟頫书画考	冼玉清
13	傅雷的美术世界	吕作用
14	做书	(英)西蒙•古德,艾拉•米村
15	林泉高致今注今译	郭熙,郭思,荆浩
16	中华生活经典:装潢志	(明)周嘉胄等
17	理想的境界:历史真实中的山水画	王平
18	极简中国古代绘画史	程大利
19	艺术史二十讲	曹意强
20	伯里曼人体结构绘画教学	(美)乔治•伯里曼
21	米开朗琪罗传	(法)罗曼•罗兰
22	全流程界面设计	贾京鹏
23	从零基础到职业插画师	潘小欧
24	唐宋之绘画	(日)金原省吾
25	詹欣悦的黑白花之绘	詹欣悦
26	零基础学古风漫画•唯美古风人物:容华若桃李	蜜桃老师
27	铅笔人像画法	(美)庞卡

十四 科学普及系列书目

具体书目见表4-14。

表4-14　科学普及系列书目一览表

序号	书名	作者
1	海洋文明小史	(法)雅克·阿塔利
2	数学王国的冒险之旅	(英)亚历克斯·贝洛斯
3	昆虫记	(法)让·亨利·法布尔
4	植物知道地球的奥秘	(英)戴维·比尔林
5	看不见的森林:林中自然笔记	(美)戴维·乔治·哈斯凯尔
6	恐龙探秘　兵器探秘　人体探秘	文娟
7	DK动物星球	英国DK公司
8	系统工程手册(第四版)	美国国际系统工程协会
9	量子传:究竟什么才是现实	(英)曼吉特·库马尔
10	统计过程控制理论与实践:SPC.CPK.DOE. MSA.PPM技术	贾新章
11	力学概论(翻译版·原书第二版)	(美)丹尼尔·克莱普纳,罗伯特·科连科
12	我们在四维空间可以做什么:不用计算的18堂数学课	(澳)马特·帕克
13	科学之美:最优雅的科学	(英)马修·沃特金斯
14	高等数学同步测试卷	张天德
15	简单教数学:一个特级教师的小学数学教学智慧	戴曙光
16	引力之吻	(英)哈里·科林斯
17	人类鉴定手册	英国《新科学家》杂志,(英)格雷厄姆·劳顿,杰里米·韦布,(美)珍妮弗·丹尼尔
18	什么是相对论	(美)杰弗里·贝内特
19	生命的冒险:从抗风蜥蝎到变身乌贼,迷人的气候变化生物学	(美)索尔·汉森
20	代数(英文版·第二版)	(美)迈克尔·阿廷
21	物理学难题集萃(上、下)	舒幼生,胡望雨,陈秉乾
22	费曼讲演录	(美)理查德·费曼
23	生命是什么	(奥)埃尔温·薛定谔
24	拯救视力图解指南	(日)深作秀春

续表

序号	书名	作者
25	破天机:基因编辑的惊人力量	(美)珍妮佛·杜德娜,塞缪尔·斯滕伯格
26	天文馆简史	(英)威廉·法尔布雷斯
27	你看起来好像……我爱你	(美)贾内尔·沙内
28	小波与傅里叶分析基础(第二版)	(美)艾伯特·博格斯,弗朗西斯·J·马科维奇
29	生命的实验室	(英)查尔斯·科克尔
30	万物一弦:漫漫统一路	张天蓉
31	优等生必学的速算技巧:使计算又快又准	于雷,张晖
32	物理世界奇遇记	(美)乔治·伽莫夫等
33	人类的第一步	(美)杰里米·德席尔瓦

十五 人际关系系列书目

具体书目见表4-15。

表4-15　人际关系系列书目一览表

序号	书名	作者
1	微反应	姜振宇
2	跨越半球的人生选择	蔡蔚
3	关系陷阱:如何与自恋的人相处	(美)温迪·T.巴哈利
4	情商高的人都这么说话	(日)神冈真司
5	毅力	(美)吉姆·兰德尔
6	说服力:如何让他人改变想法	(美)吉姆·兰德尔
7	李中莹婚姻心理课	李中莹
8	李诞脱口秀工作手册	李诞
9	漫画图解人际关系心理学	(日)幸树悠
10	一家人的极简生活	日本素晴社编辑部
11	吵架又没发挥好	(日)森优子
12	有效对话:应对沟通困难的7个原则	(美)罗伯塔·金斯基·马图森

序号	书名	作者
13	为何越爱越孤独	武志红
14	沟通的艺术:看入人里,看出人外	(美)罗纳德·B·阿德勒,拉塞尔·F·普罗科特
15	麦肯锡高效沟通课:掌控高难度谈判的13种技巧	(日)高杉尚孝
16	哈佛社交礼仪课	刘丽娜
17	如何爱上阅读	宋家博
18	职场达人修炼术:不懂这些,千万别来混职场	(美)卡特·卡斯特
19	偏见	(美)珍妮弗·埃伯哈特
20	朋友的朋友是朋友:充分调用你的每一分人脉	(美)戴维·布尔库什
21	极简关系:人是拿来爱的,东西是拿来用的	(美)乔舒亚·菲尔茨·米尔本,瑞安·尼科迪默斯
22	时间内卷	(日)尾石晴
23	日常生活中的人际沟通	(美)朱莉娅·T.伍德
24	故事力	高琳,(美)林宏博
25	裸演说:职场达人的演讲秘笈	(美)加尔·雷纳德
26	利害演讲	(英)汤姆·伯德,杰里米·卡塞尔
27	得体:一看就会,一做就对的社交魔法图鉴	日本无微不至调查委员会
28	64种逆思维:帮你从社交坏情绪中轻松脱困	(日)耶六
29	沉默契约:不明说,别人怎么会懂	(加拿大)琳达·D.安德森,索尼亚·R.班克斯,米歇尔·L.欧文
30	沟通的艺术	(美)罗纳德·B.阿德勒,拉塞尔·F.普罗科特
31	谈话高手	牛津
32	超级说话课	(日)冈本纯子
33	特别会说话的人都这样说话(全二册)	(日)大野萌子
34	口才三绝:会赞美 会幽默 会拒绝	盛安之
35	说话的技术	(日)冈本纯子
36	可复制的沟通力:樊登的10堂表达课	樊登

十六 现代管理系列书目

具体书目见表4-16。

表4-16　现代管理系列书目一览表

序号	书名	作者
1	为客户服务是华为存在的唯一理由	夏忠毅
2	OKR实践手册	姚琼
3	增量绩效管理：构建以产品为核心、基于增量产出的管理体系	周辉
4	全黑军团	(新西兰)詹姆斯·克尔
5	商业洞察力	刘润
6	华为传	(法)樊尚·迪克雷
7	格局：世界永远不缺聪明人	吴军
8	亚马逊跨境电商运营从入门到精通	纵雨果
9	操纵：大数据时代的全球舆论战	中璋
10	特别认真地生活	(日)稻盛和夫
11	职场原始人	(美)马可·格林伯格
12	运营之光：我的互联网运营方法论与自白2.0	黄有璨
13	高效OKR工作术	(波)彼得·费利克斯·格日瓦奇
14	NBA：体育运动联盟如何扣篮商业王国	高杨
15	传释：中国家族办公室手册	贾良屿
16	羊皮卷	(美)奥格·曼狄诺
17	抓眼球	(美)杰米·马斯塔德
18	信息传：决定和影响我们生活的底层科技	吴军
19	重来3：跳出疯狂的忙碌	(美)贾森·弗里德，(丹)戴维·海涅迈尔·汉森
20	关乎天下2：策略与领袖力的要诀	关明生
21	这就是OKR：让谷歌、亚马逊实现爆炸性增长的工作法	(美)约翰·杜尔
22	领导力：如何在组织中成就(第六版)	(美)詹姆斯·M.库泽斯,巴里·Z.波斯纳

续表

序号	书名	作者
23	麦肯锡用人标准：未来的人才标竿	（日）伊贺泰代
24	房地产大趋势	任泽平，白学松
25	贝佐斯如何开会	（日）佐藤将之
26	一个广告人的自白	（美）大卫·奥格威
27	麦肯锡工作法：麦肯锡精英的39个工作习惯	（日）大岛祥誉
28	品牌原力	刘国华，王祥伍
29	鲁花生生之道	孙孟全
30	干法	（日）稻盛和夫
31	小米创业思考	雷军，徐洁云
32	可复制的领导力2：樊登的7堂管理课	樊登
33	锁定高端：中小企业的出路	李践
34	胜在有道：民营企业的管理思考与行动	姚和平
35	腾讯传1998—2016：中国互联网公司进化论	吴晓波

十七 其他辅助系列书目

具体书目见表4-17。

表4-17 其他辅助系列书目一览表

序号	书名	作者
1	三体（全三册）	刘慈欣
2	瓦尔登湖	（美）梭罗
3	生死疲劳	莫言
4	穆斯林的葬礼	霍达
5	第七天	余华
6	遥远的救世主	豆豆
7	文城	余华
8	望江南	王旭烽
9	我们仨	杨绛
10	人生	路遥

续表

序号	书名	作者
11	天空之城	（日）宫崎骏
12	我与地坛	史铁生
13	月亮与六便士	（英）毛姆
14	燃烧的蜂鸟	秦明
15	白夜行	（日）东野圭吾
16	你当像鸟飞往你的山	（美）塔拉·韦斯特弗
17	长安的荔枝	马伯庸
18	红岩	罗广斌,杨益言
19	平凡的世界（全三册）	路遥
20	云边有个小卖部	张嘉佳
21	百年孤独	（哥伦比亚）加西亚·马尔克斯
22	围城	钱钟书
23	活着	余华
24	红星照耀中国	（美）埃德加·斯诺埃

十八 农家书屋重点出版物推荐目录

2007年3月13日，新闻出版总署、中央文明办、国家发展和改革委员会、科技部、民政部、财政部、农业部、国家人口和计划生育委员会等八部委正式印发《农家书屋工程实施意见》（以下简称《意见》）。根据《国家"十一五"时期文化发展规划纲要》的部署，从2007年开始在全国范围内实施"农家书屋"工程。

《意见》指出，要充分发挥新闻出版在社会主义新农村建设中的重要作用，切实解决广大农民群众"买书难、借书难、看书难"的问题，从提高农民文化素质入手，促进新时期农村经济社会协调发展。

从2008年开始，新闻出版总署制定并印发了3期《全国农家书屋重点出版推荐目录》，书目质量逐年提高，一大批经典图书、畅销图书、重

头力作入选,很多出版社还专门针对农家书屋的需求进行了选题策划。书目范围愈加广泛,不仅关注农民科技致富的需要,还照顾到农民求知、求美、求乐的需要,文学艺术、医疗保健、生活日用、家庭教育、少儿读物等异彩纷呈。

农家书屋工程于2012年全面竣工,为指导各地做好农家书屋出版物的选配、采购工作,自2012年开始,新闻出版总署逐年制定《农家书屋重点出版物推荐目录》,为乡村阅读工作提供书目选择。具体情况见表4-18。

表4-18　农家书屋重点出版物推荐目录查询路径一览表

序号	发布时间	发布单位	文件名称	书目查询路径
1	2008.12.31	新闻出版总署	关于印发农家书屋重点出版物推荐目录的通知	中国农家书屋网
2	2011.9.15	新闻出版总署	关于推荐2012年农家书屋重点出版物的通知	中国农家书屋网
3	2012.1.20	新闻出版总署	关于印发《2012年农家书屋重点出版物推荐目录》的通知	中国农家书屋网
4	2013.10.12	国家新闻出版广电总局	关于推荐2013年农家书屋重点出版物的通知	中国农家书屋网
5	2014.1.10	国家新闻出版广电总局	2013-2014年农家书屋重点出版物推荐目录	中国农家书屋网
6	2015.6.17	国家新闻出版广电总局	关于印发《2015年农家书屋重点出版物推荐目录》的通知	中国农家书屋网
7	2016.7.06	国家新闻出版广电总局	关于印发《2016年农家书屋重点出版物推荐目录》的通知	中国农家书屋网
8	2017.6.26	国家新闻出版广电总局	关于印发《2017年农家书屋重点出版物推荐目录》的通知	中国农家书屋网
9	2018.6.29	国家新闻出版署	关于印发《2018年农家书屋重点出版物推荐目录》的通知	中国农家书屋网
10	2019.4.25	国家新闻出版署	关于印发《2019年农家书屋重点出版物推荐目录》的通知	中国农家书屋网

续表

序号	发布时间	发布单位	文件名称	书目查询路径
11	2020.5.07	国家新闻出版署	关于印发《2020年农家书屋重点出版物推荐目录》的通知	中国农家书屋网
12	2021.4.15	国家新闻出版署	关于印发《2021年农家书屋重点出版物推荐目录》的通知	中国农家书屋网
13	2022.3.24	国家新闻出版署	关于印发《2022年农家书屋重点出版物推荐目录》的通知	中国农家书屋网
14	2023.4.21	国家新闻出版署	关于印发《2023年农家书屋重点出版物推荐目录》的通知	中国农家书屋网

第五章 乡村阅读的典型案例

▶ 第一节 "新时代乡村阅读季"

自党的十九大报告提出实施乡村振兴战略以来,习近平总书记多次发表重要讲话,强调"实施乡村振兴战略是关系全面建设社会主义现代化国家的全局性、历史性任务"。全面建成社会主义现代化强国,实现中华民族伟大复兴,最艰巨、最繁重的任务依然在农村。

阅读是人们改变自我、取得成就的主要和有效途径之一,可以同时满足人们对美好物质生活和精神生活的需求。国家实施乡村振兴战略,推广乡村全民阅读,目的是改变农民的阅读观念,引导农民以积极的态度开展阅读活动。尤其是在数字化、智能化时代,可以借助现代科技力量推动乡村阅读的数智化发展,实现乡村阅读快速普及化、立体化、多元化,更好地满足乡村阅读的新需求。

为此,2019年,中共中央宣传部、农业农村部、国家乡村振兴局联合发起"新时代乡村阅读季"活动,从各个维度推动乡村全面阅读活动的开展。"新时代乡村阅读季"活动主要包含以下内容:

1. 主题出版物阅读活动

围绕正在开展的学习贯彻习近平新时代中国特色社会主义思想主题教育,持续加强主题出版物配备,在农家书屋和各类公共图书馆、阅读空间配备党的创新理论出版物全覆盖,在新华书店和其他优秀实体书店开展线上、线下集中展示、展销重点主题出版物。创造性开展好习近平新时代中国特色社会主义思想和党的二十大精神主题阅读、主题宣讲,深入介绍新时代10年的伟大变革,特别是全面小康的历史性成就,着力发挥优秀出版物的引领作用,推动学思想、用思想,为广大农民群众奋进新征程、建功新时代提供强大精神力量。

2."农民喜爱的百种图书"推荐活动

以《农家书屋年度重点出版物推荐目录》为基础,通过农民荐书、地方推荐、网络投票等多种方式,积极广泛参与农民喜爱的百种图书推荐活动,把主题出版、精品出版成果转化为农民的阅读导向。

3."我爱阅读100天"读书打卡活动

开设乡村阅读专区,重点上线主题出版物阅读专架,把优质的阅读内容推送到农民手边,持续优化读书打卡方式,满足农民数字化阅读需求,培养农民的阅读习惯。

4."阅读助力农业保供增收"领读计划

围绕粮食丰收等农业保供增收重点任务,遴选一批对增产有实效、农民有需求的实用技术推广图书。组织编著者通过线上、线下结合的方式对农民进行技术辅导,促进农业提质增效,带动农民群众增收致富。

5."乡村振兴"主题书目评选推荐活动

面向出版单位征集一批乡村振兴主题出版物,主要是"助力乡村振兴出版计划"融媒体出版物,提高"乡村振兴"主题图书的社会影响力,满足广大"三农"从业者的工作需求。

6."发现乡村阅读榜样"活动

组织推选一批扎根乡村基层、致力推广阅读、服务乡村振兴的典型人物,征集一批优秀图片和新闻报道,大力宣传展示他们带动农民群众

开卷阅读的感人事迹和以书为乐、甘于奉献的精神风貌,充分发挥阅读榜样的示范引领作用。

7."乡村伴读"融媒体推广活动

主动对接新闻媒体,围绕乡村阅读开展融媒体宣传报道活动,协助采编乡村阅读专版,协助拍摄乡村阅读微纪录片,引导社会各界关心、支持推广乡村阅读。

8."影像中的和美乡村"征集活动

动员组织广大农民群众和"三农"工作者用手机记录身边的阅读故事、乡村生活、村庄之美和山乡巨变,利用数字农家书屋平台展示一批优秀作品,生动展现农民群众的精神风貌、和美生活,展示广大乡村的秀美风光和乡村振兴的巨大变化,让更多人感受乡村振兴的伟大成就。

9."携手奔振兴"图书捐赠活动

常态化开展结对共建农家书屋活动,组织出版发行单位面向乡村振兴重点帮扶地区开展图书捐赠、培训讲座、阅读辅导、惠民售书、流动售书等活动,重点开展少儿图书捐赠活动。在百家书城、大型图书电商平台集中展销重点主题出版物,满足农民群众多样化的阅读需求。

10.新时代乡村阅读盛典

全面总结阅读季系列活动成果,组织各项活动优秀代表参加全国阅读盛典,深入挖掘阅读季活动中的感人故事、优秀典型、先进经验、工作成效,充分展现新时代乡村文化建设新成就。

"新时代乡村阅读季"活动主题鲜明、内容丰富、形式多样、媒体融合,得到了各地农民群众和社会各界的积极响应。一批热爱阅读、热心公益、引领乡风文明的乡村阅读榜样脱颖而出,他们用润物细无声的方式带动更多的农民群众培养阅读习惯,以榜样的力量感染、鼓舞越来越多的农民群众爱上阅读,在保障农民基本文化权益、巩固农村思想文化阵地、助力乡村振兴上发挥了重要作用。他们用自己的行动营造了"爱读书、读好书、善读书"的乡村文化氛围,为建设书香乡村、助力新型农民培养贡献了力量,让乡村阅读之风在祖国大地上开花结果。我国新时代乡村阅读整体方案的实施,乡村阅读公共服务水平大幅提升,不仅对中国具有重要价值和意义,也将为全世界全民阅读提供中国方案、中国模式、中国道路。

▶ 第二节 "乡村阅读榜样"案例

一 齐琦和她的乡村阅读梦

齐琦,女,黑龙江省大庆市肇源县政协党总支专职副书记。

齐琦自幼就对阅读产生了浓厚的兴趣。她的母亲在印刷厂工作,常带回来一些旧报纸,上面的照片和文字激发了齐琦的阅读兴趣。五岁开始,齐琦跟母亲学认字,还学会了查字典,能独立完整地读报纸。小学二年级,舅舅提供了更多的读书机会。上高中后,齐琦所有的零花钱都用来买书。1998年,齐琦考上了黑龙江大学,图书馆成了她新的阵地,她开始了双语阅读。

阅读让齐琦心宽心慈,对他人、对这个世界,多了一分温润的心疼与关照。

2008年,齐琦到肇源镇工作,负责新农村振兴文化墙的宣传工作。她迎难而上,结合肇源特色,设计了莲花图案的宣传墙。每次下乡,她还会借着检查工作的机会,去村小学了解阅读推广情况。经过多次观察,齐琦发现:学校没有专门的图书室,更没有专门的阅读指导老师。齐琦

主动找到学校领导，提出建图书室的建议，并争取资源给图书室置办了书架、捐赠了图书。齐琦常常邀请朋友来学校带领学生们阅读。村小学的读书活动渐渐开展起来。

齐琦还将目光投向了整个乡村大地，她开始调研乡村基层阅读现状：虽然每个村都有农家书屋，但是利用率都不高。主要原因有两点：一是现在留守村里的农民大多数年龄偏大、文化水平偏低，没有阅读习惯；二是学校一味重视学生成绩，对阅读投入不够。

针对这些问题，齐琦采取了许多措施：挖掘读书带头人，联合那些有时间、有精力的老党员或老教师参与进来；从孩子开始培养他们的阅读习惯，幼儿园和小学是最容易养成阅读习惯的阶段；在乡镇成立读书会，让读书活动更有组织性、方向性，吸引更多的人加入阅读的群体；通过民间发动、官方配合的方式组织读书活动，使活动更有操作性和实效性。

2013年，齐琦与六个志同道合的朋友组织成立了源缘书友会，还开通了公众号，发布当地人关于阅读的感悟、原创文章和诗文诗作，发展宗旨是为读者搭建展示平台、展现肇源风采。同时，公众号还兼具一些线下功能，比如为乡村小学捐书等，还开展过一场特别的乡村文化读书会——一幕幕沙画演绎着乡村日新月异的生活，现场有诗歌朗诵，更有农民艺术家现场表演。活动全程通过抖音平台直播，现场同时进行的还有乡村书画展、摄影展……展览期间，有超过两千人到现场参观。

热爱阅读，热爱生活，热爱公益，齐琦以身作责，带动大家，营造了新时代乡村阅读气象。正因如此，齐琦被评为2019"乡村阅读榜样"，2017大庆市"十佳阅读推广人"。

（二）**马慧娟：用书香凝聚精神力量**

马慧娟，女，宁夏回族自治区吴忠市红寺堡区玉池村农家书屋管理员。1980年,她出生于宁夏西海固黑眼湾,16岁因生活所迫辍学在家。因国家易地扶贫搬迁好政策,2000年,她和乡亲们走出大山,到宁夏红寺堡区玉池村安家落户。

刚建成的红寺堡区,物质和文化都"一穷二白",借书比借钱还难。怀着对未来的无限憧憬,马慧娟一手拿锄头种地,一手用手机写作,她的散文、小说、报告文学共计上百万字陆续在《人民日报》《民族文学》《朔方》《黄河文学》《天津文学》《回族文学》《散文选刊》《山东文学》《当代人》《中国艺术报》等各级刊物、报纸上发表。她出版了散文集《溪风絮语》《希望长在泥土里》《农闲笔记》、报告文学《盐池故事》《走出黑眼湾》、小说《出路》等,记录了许多像她一样的农村妇女的酸甜苦辣,用最质朴的语言记录决战决胜脱贫攻坚的伟大变革,也用读书和写作改变了自己的命运。

2018年,马慧娟当选全国人大代表。成为人大代表后,她发起成立"泥土书香"读书社,举办农民读书节,带动和鼓励农村妇女识字读书、自立自强,帮助农民群众学习文化知识,用书香凝聚乡村振兴的精神力量。

在当地政府相关部门的帮助下,"泥土书香"读书社的文化活动开展得红红火火。农闲时,读书社通过普及各类知识,让当地妇女紧跟时代发展节奏,并教授村民一些基础性技能,比如如何使用智能手机、如何预防诈骗等。

村民随着读书累积知识,思想悄然发生转变。他们在书的海洋里寻找自己,认了字的妇女则不再为看路标、坐车、去医院看病等日常琐事所困惑,更重视对下一代的教育,培养孩子读书的兴趣。辍学现象渐渐消失,如今,红寺堡区拥有大学文凭的人越来越多,孩子读书是每个家庭的头等大事。

近年来,随着物质生活的不断丰富,红寺堡区的人民愈加表现出对

精神文化生活的迫切需要。秦腔、秧歌、社火、广场舞等文化活动日益丰富当地居民的生活。

马慧娟说:"文化自信带给红寺堡区人民的是对国家制度的认可和拥护,大家感受到了国家的强大、文化的繁荣,感受到了知识的重要性,知道了要培养孩子学习文化,鼓励他们融入社会大环境、积极参与社会事务等。即使是基层群众,也希望自己的后代是有文化自信、文化信仰的一代。"

马慧娟被评为2021"乡村阅读榜样"、第三届"宁夏好人"、2021年"百个巾帼好网民"、2022年"乡村振兴十大阅读推广人"、2022年宁夏回族自治区"三八红旗手"。她还当选了吴忠市第五届、第六届政协委员,红寺堡区第三届、第四届人大代表,全国人大代表。

三 刘作全和"图书大篷车"

刘作全,男,1954年10月生,辽宁省阜新蒙古族自治县八家子镇八家子村农家书屋管理员。自2003年起,他自愿创立并管理农家书屋,播种文化种子;自费改装图书大篷车,送书送演出,传播文化食粮;20年持之以恒做奉献,开设视频账号"老刘头送书",引导共塑文明乡风。

刘作全小时候由于家里困难,初中毕业后就学了木匠。多年来,不管多苦多累,他从没放弃读书学习,也正是靠读书,他改变了自己的命运,开起了木材加工厂,盖起了二层小楼,日子过得顺心如意。2003年,他把自己的藏书拿出来供大家阅读,并四处张罗,到处求援,自己掏钱买书,还经常捡废品卖钱充实书屋。渐渐地,周围的人都被刘作全的精神所感动,不少退休干部和教师都纷纷主动捐书,相关部门、单位也送来书籍和报刊。在国家推进的农家书屋建设过程中,当地政府将刘作全的书屋纳入农家书屋管理,并由他担任农家书屋管理员,书屋的藏书量也从最初的1000多册增加到15000多册。书屋资料相当全,给当地村民的农业生产带来很大的帮助。

他将自家的农用运输车改装成流动图书大篷车,风里来雨里去,为百姓送去精神食粮,并用自己的亲身经历宣传读书的好处。他还经常在视频账号"老刘头送书"上发布送书故事,在自制的简易舞台上与民间小剧团共同为村民送上文艺节目,义务帮助村民磨菜刀、修理家具等,深受群众欢迎。

20年来,刘作全开着流动图书大篷车走遍了全镇的大小村屯,他不图名、不图利,图的就是实现梦想——为村民们提供更好的书籍,丰富他们的业余文化生活,使农家书屋读书的人和受益的人越来越多,让他们从阅读中找到打开致富宝库大门的金钥匙,做一个新时代的农民。

刘作全也因此被评为2021"乡村阅读榜样"、全国"乡村阅读推广人"、"辽宁好人"等。

（四）曹伟和"书香瓦坊"

曹伟,男,1977年12月生,安徽省宿州市泗县瓦坊镇综合文化站站长。

曹伟1996年毕业,随后被分配到瓦坊镇综合文化站工作。20多年来,曹伟坚持以工促学,坚持写作,先后在人民网、新华网、学习强国、凤凰网等网媒,以及《消费日报》《安徽日报》《拂晓报》等纸媒上发表200余篇宣传读书好处、助力乡村振兴的理论文章和信息。2017年,他在人民网发表了《"书香"丨瓦坊乡强化农家书屋文化阵地作用》,2019年在《安徽日报》上先后刊发《瑶剧巡演走进贫困村和校园》《全民践行新时代文明助力乡村振兴》,2021年在泗县政府和宿州市财政网相继报道了《泗县瓦坊乡农家书屋充电"忙"》等。这些文章的发表和广泛宣传对营造镇村阅读氛围和激发群众阅读兴趣起到了促进作用。2017年,他编剧、导演

的《健康扶贫》瑶剧,荣获安徽省委宣传部、安徽省文化厅联合颁发的证书,使泗县瑶剧于2017年11月被安徽省人民政府批准为安徽省第五批非物质文化遗产。

曹伟坚持创新工作模式,开拓多种宣传渠道,竭尽全力打造"书香瓦坊"。为了群众阅读有地方,提高阅读阵地吸引力,增强阅读阵地辐射效果,2013年,在镇党委、政府、泗县文化和旅游局等单位的支持下,镇、村两级"阅读坊"——瓦坊镇文广站投入使用。其占地300多平方米、建筑面积540平方米,其中,电子阅览室和图书室建筑面积140平方米。全镇10个行政村阅览室也相继按照不低于80平方米的面积标准建成使用。每个图书室配备阅读书柜桌椅、空调等辅助设施。镇级图书室藏书量超4000册,村级图书室均超过2000册,且每年新增书籍,阅读人次逐年增加。镇、村两级书屋一直提供全天候免费借阅服务,设立儿童读书专柜。其投入使用为志智双扶工程注入了十足动力,实现了阅读有阵地、服务不分人,充分满足了人民群众对精神食粮的需求,受到了群众广泛"点赞"。

为全面助力乡村振兴,每年"世界读书日",文广站都会举办全镇读书演讲、朗诵比赛,并择优参加全县比赛。2018年,全镇散发、张贴5000余份《致全乡人民的一封信》,营造全民阅读氛围。2019年印发《关于开展全民树立新时代文明新风尚的倡议》,借助幼儿园、中小学每年举办的"六一"儿童节、入学和毕业汇演、全镇广场舞、曲艺大赛及瑶剧系列巡演等活动,现场宣传读书好处,广泛宣传镇、村两级"阅读坊"的开放情况和免费借阅程序,激励更多家长和孩子到"阅读坊"读书。利用寒暑假,通过村村通广播宣传和村级"阅读坊"现场组织两种渠道,引导返乡大学生开启"大手拉小手"的阅读模式,既达到了指导中小学生阅读的效果,又起到了榜样带动的作用。2020年2月新型冠状病毒肆虐,曹伟在瓦坊镇张贴《致全乡人民群众的一封信——宅家阅读增智、志在携手抗疫》。

2022年3月,他又充分发挥自身优势,将《宅家阅读增智、志在携手抗疫》一封信录制成音频,不定期在村村通大喇叭上循环播放。他在4年的驻村扶贫工作期间更是经常为贫困孩子们送上书籍指导阅读,支持老党员建设农耕文化馆,供群众阅读农耕历史。这些宣传形式的创新不但激励了更多人走进镇、村"阅读坊",为高效打赢疫情阻击战等各项宣传工作营造了正确的舆论导向,更为乡村振兴增加了足量砝码,因此受到了党委、政府及群众的高度赞许。

同时,瓦坊镇还定期开展农家书屋培训会和检查督促行动,各村的图书管理员始终以微笑的态度、热情主动的服务,给广大读者提供服务;开展"大手牵小手,小手拉大手"等活动营造"阅读世界"。瓦坊镇如今阅读环境良好,全民阅读成风,真正实现了"书香瓦坊"。

曹伟因此获评2022"乡村阅读榜样",2018年度"泗县好人"。

（五）蒋理和"光影墅文化空间"

蒋理出生于四川省眉山市,青年出川求学至北京,毕业后以笔谋生,做过十年的记者;再后来拾起相机走四方,做摄影网站,以世间美景为友。

2015年,他和爱人来到苏州,在老街窄巷的甪直镇东市上塘街,找到一座150余年的苏州老宅,想打造成光影墅文化空间。2018年,光影墅改造完成,既保留了老宅的样貌,又以摄影、旅行为主题,把更多的可能呈现给读者。走进光影墅,木质书架上排布着众多与苏州相关的文学、短章诗歌。蒋理希望通过建设圈层和社群,提供多方式、多形态的阅读,让人们在这里感受文化的诗意和美好。

一开始,镇上的居民不愿意参加光影墅的活动,知名的教授来做讲座,听众甚至只有三四个人,场面尴尬。蒋理理解他们的担忧:与名家面

对面,谈的会不会都是阳春白雪? 自己能不能听懂? 于是,他挨个儿给镇上的人打邀请电话:"今天活动,讲的是我们甪直的祖先、习俗和文化,要不要带小朋友来听听?"

当阅读与生活息息相关的时候,人们对阅读的兴趣也就水涨船高,而大师们也通过深入浅出的方式,利用文化体验拉近了和大众的距离。每年光影墅都会举行50多场文化活动,通过讲座、售书会等形式,邀请全国众多文化学者、作家和高校教授前来分享传播历史文化。通过社区公众号引流、政府的第三方服务购买,以及光影墅自身的文化口碑,吸引了众多古镇居民和大量来自苏州、上海的文化爱好者,已经形成了固定的受众人群。

蒋理还因地制宜地组织开展了读诗活动,让甪直镇的一群全职妈妈发现了自身对中国传统古诗的热爱。以前除了接送孩子和做饭,她们一天中的大部分时间都在追剧、打牌、打麻将,蒋理于是建议她们从育儿的书开始阅读分享。如今,她们每期读诗会都不落下,还利用业余时间共读经典,读完每一章后,每个人都踊跃地分享阅读感受。"有人带着读,有集体感、归属感,就像把心里这层纸捅破了。"全职妈妈们告诉蒋理,通过阅读,她们发现了一个完全不一样的自己。

2021年5月,蒋理成为第三期"敦煌文化守望者"。他在敦煌生活学习,写成《敦煌守望四十天》一书,详细介绍了敦煌石窟艺术之美产生的时代根源,带领读者走进神佛、帝王、英雄、凡人的故事,打开了阅读的视野,浸润了文化的气息。

2022年,蒋理被评为"乡村阅读榜样"。

(六) 刘学文和叶辛好花红书院

刘学文,男,汉族,1965年7月生,贵州省第十三届政协委员,黔南州第十三届政协委员,惠水叶辛好花红书院院长。

2020年7月,刘学文在北京工作20多年后回到家乡,在著名作家叶辛和惠水县委、县政府的关心支持下,自己投资将叶辛作品阅览室提质改造为叶辛好花红书院,占地1500多平方米,分为叶辛作品陈列馆、图书阅览室、知青生活记忆馆、布依族文创产品展示空间、民宿小院5个部分。书院免费对外开放,旨在通过叶辛的名人效应推动乡村阅读,激励乡村孩子多读书、读好书,用知识去改变命运。同时,他通过书院带动民族文化的传播和乡村文旅融合发展,以实际行动参与乡村文化的重建,做乡村振兴的践行者。书院对外开放以来,叶辛每年都要多次走进书院,为当地村民举办讲座,与村民一起开展乡村阅读活动。书院以"书屋+书院"的形式,先后举办"叶辛与贵州"系列活动、《蹉跎岁月》出版发行40周年读书分享会、《一支难忘的歌》朗诵音乐会、《在醒来的土地上》朗诵会等100多场阅读活动。2023年以来,书院每周至少举办1场读书分享活动,有时候一周要举办3~4场。高频次的活动,让这个小小书院书香四溢,已成为社会各界阅读、研学、参观、文化交流的一个重要场所,打开了村民认识世界的另一扇窗口。

书院吸引四面八方的普通游客和民众,也吸引众多知名人士。通过参观、指导、讲学,书院不断放大名人辐射效应,增强了当地村民的文化自信,推动文化开放与共享。秀丽的田园风光加上浓郁的布依风情,书院成为好花红村这个国家4A级景区的一朵淡雅的花,吸引了十多万游客走进好花红,带动了好花红的乡村旅游,带火了当地的农家乐和民宿,增加了村民收入,给村民带来了实惠。

刘学文还坚持开展"天下贵州人"系列活动,为贵州的进步助力,为贵州的故事发声。基于这一理念,2013年,身为北京贵州商会副会长的刘学文开始构筑他的公益之路:举办"天下贵州人"活动,以"凝聚乡音乡

情,助推贵州发展"为宗旨,以"让贵州走向世界,让世界分享贵州"为愿景,整合各种社会资源,通过持续开展各种公益活动和文化活动,为天南地北的贵州人提供了一个了解家乡、宣传家乡的大平台,感召海内外贵州人反哺家乡、回报社会。乐黛云、龙永图、欧阳自远、李雪健、钱理群、龚琳娜等从贵州走出去的知名人士,与来自全球的贵州人一起共话家乡、献力家乡,营造了浓浓的乡情氛围,延伸出了许多"献爱贵州"的公益活动。

10年的执着和探索,刘学文依托贵商总会打造出了一块响亮的品牌——"天下贵州人"。从北京到贵州,从广东沿海开放城市到加拿大多伦多,"天下贵州人"的影响力不断扩大,凝聚力不断加强,社会效益不断彰显。到今天,"天下贵州人"已经成为全球贵州人的一个共有品牌,一个宣传贵州、让贵州走向世界的窗口。

刘学文以"新乡贤+书院+乡村文旅"的模式,参与家乡文化建设,成为传播民族文化、赋能乡村文化振兴的典型案例。2022年,书院被贵州省委统战部评为"贵州省新的社会阶层人士统战工作优秀创新实践基地";2023年5月,被中宣部评为"全国最美农家书屋"。刘学文也荣获2023"乡村阅读榜样",2023"黔南州最美新乡贤"。

▶ 第三节　最美乡村阅读空间案例

一 小岗村农家书屋:改革之地漫书香

小岗村农家书屋位于安徽省滁州市凤阳县小溪河镇小岗村,占地面积约100平方米,拥有4个功能室,图书3000余册,按照政经、科技、生活、文化、少儿、医药卫生等分类上架。

凤阳县政府对农家书屋发展高度重视,选配图书管理员,规范管理制度,保证可靠运行;划拨了年度专项资金,保障农家书屋出版物补充;合理安排开放时间,除保证每周正常开放时间外,在春节、国庆等重要节日及寒暑假期间延长开放时间,力求满足群众的阅读需求。书屋还结合当地实际情况,开展了丰富多彩的阅读活动。

小岗村位于凤阳县小溪河镇,常住人口主要是老人和小孩,青壮年大多外出务工,留守儿童较多。儿童家庭教育的缺失使之缺乏阅读引导,闲余时间被手机、游戏侵占。为改变这一现象,小岗村农家书屋联合小岗学校,开展各种活动引导学生种下阅读的种子。

2022年小岗村农家书屋组织开展"牢记总书记嘱托 强国复兴有我"阅读助力乡村振兴少儿主题实践活动。活动围绕乡村振兴、全民阅读、农家书屋等主题,通过作文、绘画的形式,向小岗学校征集了大批优秀作品,最终评选出作文组和绘画组一等奖、二等奖、三等奖、优秀奖各10名,现场进行颁奖仪式。获奖同学代表进行了主题朗诵。一位同学在主题朗诵中说到的一句话让现场的同学们深有同感,她说:"村里的农家书屋让我喜欢上阅读,我有许多不懂的问题都会去农家书屋寻找答案。它就像一本百科全书,能全面地回答我的问题,使我把它视若珍宝。"

2023年组织开展"书香小岗 振兴有我"读书会活动。活动当天为小岗学校的孩子们带去《儿童文学》《意林(青少年版)》《童话大王》等期刊。文化志愿者与孩子们共同阅读,了解他们的阅读兴趣和阅读需求。读书会上,文化志愿者们与小岗学校的孩子们亲切交流互动,鼓励孩子们多读书、阅读更多有意义的书,同时向孩子们简要介绍了《中华传统文化百部经典》的价值意义,并就这本书的内容同孩子们展开讨论。

小岗村农家书屋积极开展"四季阅读——春闻书香、夏伴书香、秋享

书香、冬爱书香"等品牌系列活动,有效提升农村阅读水平、提高农民科学文化素质、传播社会主义先进文化,促进全民阅读活动向农村深入。在周末和节假日期间,农家书屋经常开展系列主题阅读活动,引导培养广大青少年养成好读书、读好书的习惯,极大地开阔了青少年的阅读视野,提升了基层公共文化服务能力,使农家书屋成为助力儿童健康成长的新支点。在传统节日,农家书屋也积极举办诗朗诵、写春联、猜灯谜等活动。在节日氛围中,与父母、同学进行互动,有的村民一家子站在灯谜下,热烈地讨论着谜底,有的村民排队等待核验答案,答对的获得奖品,喜笑颜开,答错的也不气馁,赶快进入下一轮的猜谜中,村民们在活动中积累知识,拓宽视野。针对农村老人、儿童、返乡人员的文化需要,农家书屋开展婚育知识、防溺水、法律普及、政策解读、科技讲座等活动,在普及知识的同时丰富群众业余生活。

小岗村农家书屋不仅仅是大家看书的地方,也和农村党员教育结合起来,成为宣传党的方针政策、传达党和政府声音及建设基层党组织的重要阵地。目前,小岗村农家书屋已开展活动230余场,辐射全村6000余人。

2022年1月,小岗村农家书屋正式挂牌安徽省图书馆小岗村分馆。它是安徽省图书馆与凤阳县图书馆共建分馆的一种尝试,为推进全民阅读,提升公共文化服务效能,建设书香社会发挥积极的作用。

2023年4月,小岗村农家书屋成功入选第二届全民阅读大会"最美农家书屋"。

(二)王家坝村农家书屋:坝上阅读好风光

王家坝村农家书屋坐落在安徽省阜南县蒙洼防洪堤坝上,毗邻"千里淮河第一闸"——王家坝闸。书屋内不仅可以一览蒙洼风光,还能切身感受王家坝精神。

王家坝以"舍小家为大家"的壮举被世人广为传颂,但其地处农村,村民阅读不便,文化环境亟待改善。2021年,安徽省委宣传部与王家坝村农家书屋结对共建,先后捐助了数字书屋阅读屏、报刊架设备等,提高了书屋的科技含量。同年,阜南县图书馆牵头对王家坝村农家书屋进行升级建设,在书屋基础服务上增加了"红色旅游接待"功能,配备了全新桌椅、书架、图书等物资,加装了充电插座、无线网络、饮用水设备等,完善了服务功能。针对不同人群的工作、学习特点,书屋合理配置图书文献,与兄弟村的农家书屋实现资源共享。在广泛开展阅读活动、推动资源融合服务的同时,书屋开展形式多样的文化活动,如读书会、文艺会演、知识讲座等,不仅丰富了村民的文化生活,也吸引了许多外来读者的参与。随着王家坝抗洪纪念馆揭牌,王家坝村农家书屋也成为集观光、旅游、学习为一体的"网红书屋",成了阜南的一张文化名片。

2023年4月,王家坝村农家书屋成功入选第二届全民阅读大会"最美农家书屋"。

三 知海书屋:大海胸怀书海情

知海书屋,位于海南省定安县定城镇山椒社区多校村,由村民孙衍吾创办。

1980年,为满足农村青年对文化科学的强烈需求,孙衍吾利用自己的藏书在家门口挂起"知海阅览室"的牌子,免费供村民阅读。

然而,他的藏书不足100册,远不能满足乡亲们的阅读需求。为了增加藏书,孙衍吾到处"淘书"。几十年来,可谓历尽艰辛:节衣缩食,"投机倒把",甚至去"讨乞"过期的报刊,请求代订报刊……渐渐得到不少单位的支持。他的事迹被《海南日报》《南方日报》和《黄金时代》杂志刊发,

"知海阅览室"也更名为"知海书屋"。

孙衍吾的事迹经媒体刊出后,他收到许多热心人士寄来的书刊,书屋的图书渐渐多了起来,他那8平方米的卧室也被书籍塞满了。县委宣传部得知后,发动社会捐助,筹集了7000多元,孙衍吾自己也筹集了7000多元,于1986年盖起一间115平方米的平顶房,知海书屋的环境得到改善。

知海书屋开展各种各样的社会公益活动,已成为传播文化和党的政策的阵地。书屋墙外有宣传栏,已出农业科普墙报800多期,抄写张贴法律条文、案例等普法资料940多篇,为科普和普法做了大量工作。书屋还设有流动书箱,坚持给农户送书,与地方驻军、武警部队流动轮换图书。

近几年,知海书屋获共青团中央的"希望书库",中宣部、中央文明办的"万村书库"及海南省文体厅、定安县文体局的农家书屋的赠书,共计7000册。省委宣传部拨款,县委宣传部操办,在村中"耕读"小学原址上盖起了一座二层共310平方米的新知海书屋。知海书屋现藏书已达85000册。

2010年,知海书屋被中宣部、文化部、国家广电总局、新闻出版总署评为"全国服务农民、服务基层"文化建设先进单位。知海书屋的创办人孙衍吾获评"海南特区建设十大新星""海南省劳动模范""海南省优秀共产党员""中国青年志愿者金奖""全国'四五'普法先进个人""全国科技读书示范户""海南省道德模范""海南省爱国拥军模范""第四届全国社会公益优秀人物""全国学雷锋志愿服务先进个人""全国道德模范""2021乡村阅读榜样"等,曾受到江泽民、胡锦涛等党和国家领导人的接见。

(四)延安村民宿文旅书屋:文旅融合新体验

在吉林省延边朝鲜族自治州和龙市头道镇延安村有一片广袤的稻田,有人在稻田间悠闲行走,闻着稻花香,沐浴着山野的清鲜空气;还有人还在参加播种、收割等农事体验,忙得不亦乐乎。稻田边有一座座风格独特的建筑,书屋里有人静坐,翻几页书,喝一杯咖啡,大家都在享受着诗与远方的"慢生活"——这就是延安村民宿文旅书屋。

随着社会的发展,我国乡村面貌日益改善,城市居民对田园生活产生了强烈的向往,对沉浸式乡村旅游体验产生了强烈的需求。头道镇拥有丰富的乡村旅游和红色旅游资源。和龙市图书馆看准这一特点,抢抓机遇,在文旅融合上下大功夫,依托广袤的稻田风光,充分挖掘延安村浓郁的民族特色和悠久的历史文化底蕴,以"书香稻花香咖啡香,品乡村文旅新体验"开展文旅融合,开设了匠心独具、别具一格的乡村主题文旅融合阅读空间。针对乡村书屋普遍存在的问题,和龙市图书馆定期开展业务指导和技术培训,更新图书资源,共同举办丰富的阅读活动,将"书香和龙"的触角延伸到田间地头,将公益性的阅读服务与经营性的实体有机融合,开辟了文旅融合的新路径,为助推经济发展和乡村振兴发挥了巨大作用。

如今,和龙市的全民阅读氛围越来越浓厚,延安村民宿文旅书屋已成为和龙旅游休闲特色打卡地之一。

（五）重庆市梁平区图书馆碗米民宿分馆

重庆市梁平区有万石耕春·千年良田景区,这里风景优美,文旅气氛浓厚,有品牌节庆活动长江三峡(梁平)耕春节、晒秋节、丰收节等。大量游客的到来,给景区带来了巨大的机遇,也对景区的文化发展提出了新的要求。于是,景区利用民宿资源,建设了碗米民宿书屋,木质结构的书廊、茅草搭建的书屋,"了然亭""悠然亭""知了亭"3个独具书香的读书亭,"稻香书廊""田园书廊"2个室外书廊和3个室内阅读书吧,与四周田园风光情景交融,带给读者亲近自然的非凡阅读体验,这也是梁平区图

书馆创设的分馆——碗米民宿分馆。

碗米民宿分馆与总馆有机联动,结合乡土特色开展阅读推广服务。分馆图书资源与总馆实现通借通还,将优质的阅读服务送到田间地头、送到游客村民的身边,打通阅读服务"最后一公里"。围绕田园特色,碗米民宿分馆与总馆联动开展了田园悦读、田园亲子畅享跑等阅读活动,丰富了读者的体验,不仅让读者朋友们享受了田园盛景,找寻了梦里乡愁,还领略了阅读的魅力。此外,作为公共文化服务空间,碗米民宿分馆内还有农产品展示区、土陶体验区、农耕体验区、稻草编织体验区、耕读文化民宿区、木雕手工作坊等11个特色专区,带给游客丰富的阅读和文化体验。

(六) 文县白马山寨归园田居阅览空间

甘肃省陇南市文县铁楼藏族乡白马山寨是国家3A级景区、大熊猫国家公园,自然风光优美,文旅资源丰富。

随着文旅事业的发展,民宿逐渐兴起。陇南市图书馆为推动本地区文旅融合发展,与当地村委会合作,在归园田居民宿建设了阅览空间。阅览空间采用自然采光,装修风格与周边环境融为一体,舒适自在。阅览空间面积约120平方米,陈列白马人民俗文化、地方文献等各类书籍2200余册,可让游客在领略当地风俗人情和原生态自然风光之余,放松身心,通过阅读进一步了解当地丰富的民俗文化。

阅览空间除了服务游客,也服务当地村民,阅读资源得到了充分利用。陇南市图书馆组织专业人员赴现场指导阅览空间建设、图书上架及展示工作,并配置了适合当地村情的图书资源。同时,制定了图书借阅管理制度并严格执行,使阅览空间得到规范化管理和良好运行。在陇南市图书馆的指导下,村委会安排专人负责图书的管理工作,对图书进行分类整理、上架、登记等。根据游客和村民的阅览、借还情况，图书馆及时调整图书报刊种类，使阅览空间得到充分利用，更好地服务游客和村民。

（七）大关县图书馆："背篼图书馆"

云南省大关县位于乌蒙山腹地，山高坡陡，土地贫瘠，民族杂居。大关县图书馆开创"背篼图书馆"模式，开展乡村阅读工作，得到了理想的效果。

何家坡是大关县玉碗镇一个不通公路的村民小组，住着50多户260余人，其中留守儿童15人。2016年6月，大关县图书馆5名工作人员筹资2000元，为学生采购了学习用品，挑选了300多册图书，用背篼送到了何家坡，建立了第一个"背篼图书馆"，并组织小朋友讲故事、打亲情电话、教村民跳芦笙舞，用文化点亮孩子们心中的梦想。

从此，"背篼图书馆"在大关县落地，用背篼背出了一条扶贫扶志的公共文化服务新路子。后来发展到利用流动服务车（汽车图书馆）送书到乡镇、乡村、田间地头，方便群众借还图书。截至2017年，大关县图书馆在全县建立了11个图书服务点，派送图书4620册，价值约10万元；书柜11个，价值9900元；收音机137个，价值27400元；电视接收机137个，价值32195元。现已形成以县图书馆为主体，宣传、统战、教育、民宗、农业、畜牧、林业、卫计、扶贫等众多单位配合，社会各界参与的服务模式，实现"背篼图书馆"全民阅读活动、精神文明创建和公共文化服务体系构建有机结合。

大关县图书馆在坚持"背篼"送书的同时，还组织开展各类活动，如征文比赛、演讲比赛、经典诵读等文化活动；还根据贫困群众脱贫致富的需求，联合农业部门、人力资源部门积极参与开展各类技能培训，培养了

一批具有一定科学文化素质与掌握实用技术的新型农民和一批科技致富带头人,如苗族芦笙舞培训2期培训120余人、党的政策宣传讲解3次、送演出活动3次;用苗汉(双语)宣讲党的十九大精神3次等。

大关县图书馆的"背篓图书馆"模式,作为西部贫困地区精神文化家园建设的重要形式,打通了公共文化服务的"最后一公里",净化了精神家园,巩固了思想阵地;鼓舞了信心斗志,助推了精准脱贫;提升了技能素质,增强了致富本领。

大关县图书馆的"背篓图书馆"模式引起广泛关注,被《中国文化报》《中国妇女报》《半月谈》、中国文明网、中华女性网等30余家媒体报道。

▶ 第四节 乡村阅读推广经典案例

一 山东省案例:"农家书屋+"模式

山东省,齐鲁大地,孔孟故里,一直重视乡村阅读推广,全力推进"农家书屋+"模式。

1."农家书屋+新时代文明实践",聚焦主题阅读,传播党的声音

山东各地农家书屋用海量主题阅读资源夯实理论宣传基层阵地,用体验式、乡土化的阅读活动把《习近平谈治国理政》《党的二十大报告学习辅导百问》《百年大党面对面》等主题出版物讲深、讲透、讲活,成为新时代文明实践中心的重要理论宣讲平台。潍坊寿光在全市建设300余个"学习书屋",设立学习习近平新时代中国特色社会主义思想图书专架,及时收录总书记思想最新学习读物。围绕学习宣传贯彻党的二十大精神,当地组织"送理论 践初心""习语播报""红色经典下基层"等阅读活

动1800余场,以群众语言、身边故事讲理论、讲政策,参与群众达5万人次。泰安肥城、滨州沾化等地充分发挥党组织和党员在乡村阅读中的引领作用,探索"党建+阅读推广"模式,举办"小书屋大讲堂",组织宣讲队伍在春节期间为百姓们带来了一场场富有"年味"的理论课堂,用"小切口"讲好"大故事",用"家常话"讲清"大道理",用身边的"小变化"展示时代"大发展",把党的二十大精神传递给千家万户,为群众送去干货满满的理论"年货"。在淄博沂源、泰安新泰、临沂蒙阴等沂蒙革命老区,老党员、老战士、老教师走进书屋、拿起绘本,给孩子们讲述红嫂、乳娘、沂蒙六姐妹的沂蒙精神,分享铁道游击队、地雷战、孟良崮战役的战斗故事,老人们讲得动情,孩子们听得上瘾。

2."农家书屋+志愿服务"

发挥多部门联动作用。济南章丘、菏泽单县等地发挥宣传、文化、教育、农业等部门合力作用,在农家书屋接入文明实践志愿服务点单系统,实行项目化、清单化管理,将"习语润心诵读经典""马扎小课堂"等读书活动办到田间地头,形成制度品牌,用好试点成果、全域复制推广,让阅读实践的种子在乡村开花结果。淄博周村东街社区农家书屋,主动对接学校、社会公益组织等单位,围绕群众需求设立"绿色关爱学堂",每月定期邀请教育专家、心理咨询师,为学生与家长开展亲子阅读、亲子交流等志愿服务活动,用阅读架起亲子沟通的"连心桥"。

突出大学生专业优势。潍坊高密冯家庄村宝德书院农家书屋注重发挥大学生专业特长和支教优势,与近20支大学生志愿者队伍合作,通过多样化的志愿服务让文明实践"活起来",有效破解"没人管、管不好"的难题。当地家长和孩子纷纷评价:"这里有丰富的图书、多才多艺的老师、讲不完的故事、做不完的手工、学不完的技艺……"东营河口,返乡大学生"变身"文明实践阅读推广志愿者,连续8年举办"农家书屋+萤火虫

学堂""快乐假期　童享欢乐""书香农家　助力小康""青年大学习　诵读新时代"等各类主题阅读活动丰富多彩,阅读辅导、兴趣课堂、心理疏导、安全自护等形式多样的课程充实有趣,让农村孩子们在书屋里度过每一个欢乐、安全的假期。

注重热心人示范引领。滨州博兴店子镇立足让农家书屋"活起来",让乡村阅读"热起来",充分挖掘老党员、退休教师等文化热心人的能量,组建农家书屋"学雷锋"志愿服务队,主动为农民群众和孩子们提供荐读导读、上门送书等服务,并成立"农民读书会"。

3."农家书屋+复兴少年宫"

临沂兰陵打造"农家书屋+复兴少年宫",一系列阅读推广和课外辅导活动,既解决了"双减"后农村孩子放学无人看管的问题,更让书屋成为爱国主义教育的主阵地,成为当地的"官方带娃"新品牌。

4."农家书屋+乡村家庭"

聊城临清、临沂蒙阴创新推进全民阅读阵地向下延伸,将农家书屋和乡村家庭相结合,打造了"家庭图书馆""筑梦书屋"等品牌,以孩子这个阅读"小手",拉动家庭成员阅读"大手",有效盘活了基层公共图书资源,明显提升了家教家风文明程度。

5."农家书屋+孔子学堂"

在"孔子故里"济宁曲阜,农民群众在"农家书屋+孔子学堂"诵读国学经典、品悟先贤哲思、弘扬儒韵民风,通过沉浸式活动切身体会中华优秀传统文化的魅力。

6."农家书屋+图书集市"

在菏泽定陶,书屋会经常举办"红领巾"图书交换集市,孩子们会穿上红马甲充当志愿者,带闲置图书来摆摊,可以旧书交换,真正实现了图书漂流,也让孩子的阅读兴趣"浓"起来。

7."农家书屋＋行走的书箱"

在青岛平度,"农家书屋+行走的书箱"将"科技课堂""亲子阅读""健康养生"等图书和服务送到老百姓家门口、地头上,践行了办公场所最小化、服务功能最大化的资源整合要求。截至2023年年底,当地3020个"行走的书箱"已走进220个村庄、30所乡村学校,累计图书借阅量超过50万册。

山东省"农家书屋+"的创新模式有效推进了乡村阅读工作的开展,实现了场地集中布局、功能集合构建、资源集聚壮大,形成"1+1>2"的倍增效应。

二 湖北省图书馆:"相约乡读"项目

湖北省图书馆位于武汉市武昌区公正路25号,总建筑面积10.23万平方米,拥有阅览室、体验区、研究室、报告厅、展览厅等空间。截至2022年年底,馆藏总量978万余册(件),外购数据库资源总量达918.234太字节。

湖北省图书馆坚持探索乡村文化振兴的"图书馆+"模式,创造性地开展了长江读书节"相约乡读"乡村阅读活动。湖北省图书馆负责顶层设计及活动的总体策划,各级公共图书馆承办,积极争取本地文旅、妇联、教育等部门支持,根据总体方案和本地实际选择适宜的活动内容,拟定活动清单,组织号召相关单位和个人参与活动,并且联动乡镇文化站和村委会,做好任务分工,确保活动落到实处。

"相约乡读"项目以家庭为基础,通过招募具有阅读习惯的家庭,进行3个月的线上、线下培训,如平台的注册、资源的利用、APP的使用等,并以家庭为单位聘请家庭领读者,引领开展阅读活动,如亲子阅读、绘本故事等,宣传身边的榜样人物,引领更多人关注家庭教育,培养、吸引更

多居民共同参与到"相约乡读"项目中。

"相约乡读"项目以特色学校为试点单位,并联动家长、乡镇文化站、农家书屋、村文化活动中心等,采取"图书馆+"模式,如"图书馆+文化志愿者"模式等,共同推动乡村阅读。2019年以来,项目组引入某地产集团、大型电商公司旗下核心产品及智能搜索APP等公益项目,为随县洪山镇、恩施州捐建图书馆4个,捐建班级图书角69个,书香教室12间。联合社会力量,共推"5+2+1"家校阅读活动:"5"指以"亲子阅读、自然朗读、作家讲书、心灵成长、领读者说"为主的5套"阅读营养套餐";"2"指以"家庭读书会""班小组读书会"为主的2套"阅读伙伴套餐";"1"指"相约乡读"演诵汇,即在乡村广场搭台演出,展示乡村居民的阅读成果。

"相约乡读"项目将图书馆与社会力量相结合,加大了乡村阅读推广力度;将阅读环境改善和个体能力提升相结合,加深了乡村阅读推广深度;将活动介入式影响和培育本地队伍相结合,拓展了乡村阅读推广的广度;将实践经验与理论研究相结合,增强了乡村阅读推广的厚度。

"相约乡读"项目已连续开展4年,被文旅部列入全国乡村文化活动年示范性系列活动。湖北省图书馆因此获得"全国全民阅读示范基地"、"全国盲人阅读推广优秀单位"和省级"文明单位"等多项光荣称号;成为全国科普教育基地、湖北省廉政教育基地、全省法治教育基地、湖北省直机关党员干部教育基地。

(三) 平湖市案例:总分馆模式

走进平湖,你会发现一批高质量、有特色的风情小镇、健康小镇、活力小镇、智慧小镇,环境优美,设施完善,功能齐全。每个乡镇,你总能找到一家图书馆,面积少则500平方米,多则1000平方米,藏书在3000册左右,还有电脑、投影仪等多种设备。馆内有成人借阅区、未成年人借阅区、阅览区、共享工程服务区等,有的还设有独立的亲子阅览室。在图书馆,除了借阅书刊外,还可以上网浏览、观看共享工程影视剧、欣赏展览、参与馆内组织的知识竞赛、读书活动等。

这就是浙江省平湖市的总分馆模式:以县域为基本单元形成总分馆,总馆功能由各县级公共图书馆承担,分馆由镇级分馆、村级分馆、流通点、24小时自助图书馆及汽车流动图书馆等组成。平湖市已建立了完备的图书馆总分馆模式,形成了1个总馆、4个"金平湖"城市书房、9个乡镇分馆、8个村分馆、79家农家书屋、50个馆外服务点、1辆汽车图书馆、200余个书香之家的总分馆体系。

平湖市的总分馆模式,在管理上,平湖市图书馆实行系统化管理,统一采购,统一编码,统一配送;在流通上,实现了与公共图书馆"一卡通",即通借通还,从而使乡村图书资源更加丰富。

2015年,平湖市依托村文化礼堂,完成农家书屋提升改造,实现了公共图书馆与农家书屋的资源整合。据统计,到2018年年底,全市农家书屋总面积逾1.2万平方米,藏书约22万册,周开放时间达到40小时。平湖市图书馆还开动流动图书车,对一些特殊群体和不方便的区域,采取每月2次流动服务车上门,还可以预约图书。

平湖市组建"一镇一品"农民读书会,面向广大农民群众,倡导自主学习、平等交流、和谐发展、共同进步,宣传贯彻党的方针政策,补齐农村阅读短板,解决乡村读书难问题。截至2018年年底,平湖市已组建农民读书会近300场,吸纳骨干会员3000余人,年举办各类读书活动1500余场次,参与农民累计超过8万人次。努力创建"一镇一品",如新仓镇的"怀旧经典阅读"、广陈镇的"朗读者"、新埭的"泖水故事会"、钟埭街道的"亲子阅读"、当湖街道的"枕边书"等品牌,带动了一批农民群众自觉组织参与农民读书会。

平湖市图书馆每年安排一定数量的优秀阅读推广人下基层,通过培训辅导培养基层阅读推广人。通过基层阅读推广人组建农民读书会,开展读书交流、经典诵读、致富培训、礼仪辅导等活动,使农民走得进、坐得下、有收获,从而得到致富、求美、娱乐、修身等方面的收获,提升农民素养,助力乡村振兴。

一个地方的文化根植于农耕文化,乡村是文化的基本载体。平湖市乡镇、村社区特色资源丰富,有的以古镇、古村落旅游发展为特色,有的以果蔬大棚效益农业采摘游为特色,更有的以民俗民间艺术特色为主。各乡镇、村社区紧紧抓住各地特色资源,结合全民阅读开展各具特色的基层阅读活动,丰富农民的文化生活,提升地方文化的知名度和影响力,助力乡村全面振兴。

平湖市还建立了长效阅读推广机制。平湖市委宣传部、平湖市文体局制定了《平湖市农民读书会星级评定实施办法》,对农民读书会实施绩效考核,对优秀的农民读书会给予奖励。同时,把农民读书会工作列入到乡镇文化工作考核内容中。平湖市图书馆制定了《平湖市农民读书会章程》,采取了市、镇、村三级管理的模式,由市图书馆成立农民读书会总会,负责总体方案设计,层层落实,责任到人。其总分馆模式还被写入了《中华人民共和国公共图书馆法》和《乡村振兴战略规划(2018—2022年)》。

(四) 嘉兴市图书馆:"三三三课堂"模式

浙江省嘉兴市图书馆创建了城乡一体化公共图书馆总分馆体系,在业界被称为"嘉兴模式";在学龄前儿童阅读领域,将阅读以课程形式呈现给家长和孩子,创造了"三三三课堂"模式。

"三三三课堂"模式,即"好宝贝课堂""好家长课堂""领读者课堂",

每个课堂设置三堂标准化课程,理论和实际相结合,顾及儿童、家长和阅读推广人三者之间的关系,普及阅读指导知识并建立完善的阅读指导实际操作模板。

"好宝贝课堂",即以绘本故事会为主要活动形式,开展学龄前儿童阅读指导。根据学龄前儿童年龄段特点确立三大主题:"人与自我——帮助儿童探索、塑造自我""人与社会——帮助儿童构建社会关系""人与自然——帮助儿童建立探索自然的能力"。每个主题设有具体的分目标、示范课和绘本推荐,并由专业老师给孩子、家长和领读者进行现场授课,让孩子体验绘本阅读,家长和领读者学习绘本讲解技巧。以"人与自然——帮助儿童建立探索自然的能力"主题为例,该主题分目标:从泥土、菜园中建立与自然的连接,从一草、一木和一花中建立与自然的连接;示范课分别选择绘本《泥土好可爱》和《一粒种子的旅行》,绘本推荐书目为《一园青菜成了精》《蚯蚓的日记》《大橡树旁的一年》《这就是二十节气》等符合该主题的特色绘本。

"好家长课堂"主要目标群体为学龄前儿童的家长,围绕阅读兴趣、阅读环境、阅读习惯三个维度,通过教育经验丰富的老师、专家和馆员共同探讨设计三堂标准课,以讲座的形式向家长分享阅读指导经验。根据亲子共读的意义、亲子共读的技巧等内容,设计了示范课《亲子阅读,悦读阅精彩——让阅读赋予家庭成长无限可能》;根据亲子阅读的心理学基础、家庭书房环境建设和自然书房的环境建设等内容,设计了示范课《润心书房——建设一个良好的儿童阅读环境》;根据儿童阅读的特点、培养孩子阅读习惯策略、选书的技巧等内容,设计了示范课《书海无涯——谈儿童阅读习惯培养》。与此同时,还向家长们推荐《幸福的种子》《打造儿童阅读环境》《如何培养良好的阅读品质》等经典阅读指导书目。

"领读者课堂"是针对有阅读推广意愿,分享、传播阅读理念的人开展的培训。基于目前单靠嘉兴市图书馆工作人员、社工组织人员远远不能满足面向镇(街道)、村(社区)等学龄前儿童和家长的阅读指导需求并保证可持续发展的现状,设计了"如何选择一本适合的绘本""绘本阅读推广的技巧和方法""绘本故事的组织和策划"三大主题和三堂示范课。采用哈克尼斯圆桌法,引导阅读推广学员进行由点到面、由表及里的系统性学习,每轮培训设置课前预习(阅读名家著作)、分组讨论、课后训练和实操演示4个环节,打造标准化、专业化的阅读推广人培训课堂。

嘉兴市图书馆的"三三三课堂"是一次新鲜的尝试:课程内容有条理,由深入浅,符合学龄前儿童的认知水平,更好地启发了其阅读兴趣;以参加活动的方式向家长传达阅读指导方法,是一种高效实践,获得《人民日报》《光明日报》、中央电视台、《中国文化报》《浙江日报》等国家级、省级媒体的"点赞"和关注。

(五) 券桥镇案例:三"味"农家书屋

河南省南阳市方城县券桥镇把农家书屋作为农民群众文化休闲、开阔视野、增长农业生产知识的平台,积极打造三"味"农家书屋——"红味""农味""趣味"。

1."红味"

券桥镇重视思想建设,安排专项资金,及时补充关于农村基层党建方面的书籍,宣传党的方针政策,结合新时代文明实践活动,不断提升村广大党员和群众的知识素养。结合党史学习教育和"四史"宣传教育,增加《中国共产党简史》《习近平谈治国理政》《二十大报告解读》《中国共产党方城县历史》《方城县革命老区发展史》等书籍,开辟红色党建阅读专区,组织党员干部群众开展"书映百年伟业"好书荐读、"红色经典·献礼百年"阅读、"强素质·做表率"读书活动等,让农家书屋充满浓浓的党建风。

2."农味"

随着科技的发展、社会的进步,农民也正向新时代转变。阅读是获得知识的重要途径。券桥镇及时增加关于农作物种植类、农业科技类、生活常识类、医疗保健类等适合农村需要及农民看得懂、学得会、用得上的图书;根据全镇大力发展的小辣椒、温室果蔬大棚、花卉苗木等产业,在图书选配上增加相关书籍;根据全民普法要求,增加法律法规书籍;针对部分老年人需求,增加高血压、糖尿病等慢性病防治和养生方面的书籍;还经常组织农技专家下乡,甚至深入田间地头,理论联系实际,为农民排忧解难。

3."趣味"

券桥镇留守儿童比例大,问题相对突出。为了切实解决留守儿童的学习及生活问题,打造少年儿童的"快乐园",增加趣味浓厚、启迪思考方面的书籍。在周末和假期,组织农家书屋开展青少年儿童读书分享活动。在新冠疫情防控时期,不拘形式地组织开展网上读书活动,引导广大青少年养成读书的好习惯。

参 考 文 献

[1] 赵艳龙.基于嵌入性理论的乡村农民精神文化教育研究[D].西南大学,
2014.

[2] 黄晓新.阅读社会学——基于全民阅读的研究[M].北京:人民出版社,
2019:86-87.

[3] 张世海.论我国全民阅读的三个核心问题:以知识为中心的考察[J].出版发
行研究,2021,(08):11-16.

[4] 田菲,徐升国.深入推进乡村阅读高质量发展的思考[J].科技与出版,2022,
(05):6-11.

[5] 操菊华,康存辉.全民阅读助力乡村文化振兴的策略研究[J].出版发行研
究,2021,(08):17-20.

[6] 周莉.中国特色社会主义乡村文化振兴的理论逻辑与实践路径研究[D].西
南科技大学,2021.

[7] 中华人民共和国农业农村部.中共中央国务院关于实施乡村振兴战略的意见
[EB/OL].https://www.moa.gov.cn/ztzl/yhwj2018/spbd/201802/t20180205_61364
80.htm.

[8] 宋小霞,王婷婷.文化振兴是乡村振兴的"根"与"魂"——乡村文化振兴的重
要性分析及现状和对策研究[J].山东社会科学,2019,(04):176-181.

[9] 邓娟,张言.公共图书馆助力乡村文化振兴的逻辑与实践——以伊犁州图书
馆为例[J].图书馆,2021,(04):26-32.

[10] 韩婧,石磊.乡村阅读:为乡村振兴铸魂[J].科技与出,2022,(05):5.

[11] 陈来.从传统家训家规中汲取优良家风滋养[J].学习月刊,2017,(02):9-11.

[12] 钟涵冕.乡村振兴战略下农村良好家风培育路径研究[D].福建农林大学,
2021.

［13］张文婷.乡村振兴战略背景下乡风文明建设研究［D］.西华大学,2020.

［14］张书林.论"以优良的党风促政风带民风"——兼论党风与政风、民风的互动关系［J］.中共浙江省委党校学报,2011,27(03):40-45.

［15］刘江波,魏晗.首届全民阅读大会综述［J］.新阅读,2022,(05):6-9.

［16］王京生.高贵的坚持:深圳读书月15年回眸［M］.深圳:海天出版社,2014.

［17］黄慧玲."深圳读书月"打造一个热爱读书的城市［J］.河南图书馆学刊,2014,34(06):10-11.

［18］全国农家书屋工程协调小组办公室.农家书屋管理员实用手册［M］.北京:人民出版社,2011.

［19］中华人民共和国国家发展和改革委员会.加大力度推动社会领域公共服务补短板强弱项提质量 促进形成强大国内市场的行动方案［EB/OL］.[2019-02-19].https://www.gov.cn/xinwen/2019-02/19/content_5366822.htm.

［20］甄雪虹."十百"活动贯穿江苏农民读书节［N］.中国新闻出版报,2008-04-24(002).

［21］苏锐.山东平度:"行走的书箱"让乡村弥漫书香［N］.中国文化报,2022-03-24(002).

［22］芮琼.蒲公英种子在飞翔——南京乡村阅读联盟活动暨"蒲公英书香田园行"活动纪实［J］.语文教学通讯,2012,(30):36-39.

［23］中华人民共和国农业农村部.中央宣传部办公厅 农业农村部办公厅 国家乡村振兴局综合司关于开展2023"新时代乡村阅读季"活动的通知［EB/OL］.[2023-06-02].http://www.shsys.moa.gov.cn/xcwhzd/202306/t20230602_6429278.htm.

［24］中华人民共和国农业农村部.2021年"乡村阅读榜样"推选结果公布［EB/OL］.[2021-10-22].http://www.shsys.moa.gov.cn/gzdt/202110/t20211022_6380291.htm.

［25］中华人民共和国农业农村部.2022"新时代乡村阅读季"系列成果发布［EB/OL］.[2022-12-05].http://www.shsys.moa.gov.cn/xcwhzd/202212/t20221209_6416883.htm.

［26］崔娜,马晓玲.用书香凝聚精神力量[N].中国文化报,2022.06.17.

［27］吴雨阳.书香邂逅美好　书籍遇见交集[N].新华日报,2023.04.06.

［28］新时代的贵州人让桑梓的花朵越开越红[N].贵州日报,2023.08.06.

［29］李君,孙衍吾.文化"愚公"37年的书香梦[EB/OL].[2017-12-18].http://
news.jcrb.com/jxsw/201712/t20171218_1826559.html.

［30］中国图书馆学会.凝聚精华　助力推广[EB/OL].[2022-12-23].https://www.
lsc.org.cn/cns/contents/1672215860724/1608739971626332160.html.

［31］常绍慧.行走在大山里的"背篼图书馆"——云南省大关县图书馆开展全民
阅读活动纪实[J].新阅读,2018,(6):40-41.

［32］郝敏,刘学丹.公共图书馆在乡村家庭教育中的服务路径探析——以湖北
省图书馆"相约乡读"家庭阅读推广项目为例[J].中华家教,2023,(03):
49-55.

［33］陆爱斌.县级公共图书馆实施乡村振兴战略的平湖实践[J].图书馆研究与
工作,2019,(08):61-64.

［34］许大文,胡萍,陆艳芳等.公共图书馆乡村学龄前儿童阅读推广实证研究
——以"阅动全家　书香嘉兴"为例[J].图书馆杂志,2020,39(06):67-76.